要石《かなめいし》：沖縄と憲法9条

C・ダグラス・ラミス

晶文社

装丁　坂川事務所

要石：沖縄と憲法9条　目次

1　戦争論

2　アメリカの諸戦争と日本の憲法

3 沖縄・基地・差別

1　戦争論

実戦中毒と千メートル眼差し

日本国憲法ができて以来半世紀の間、日本社会は戦争を直接経験していない。もし自衛隊がイラクへ派遣されるなら、この記録は終わるだろう。いくら日本政府が、自衛隊は非戦闘員だと主張しても、軍服を着て武装された部隊である以上、イラクという戦場で軍隊として扱われるし、国際法から見ても軍隊である。殺すか殺されるか、という状況に会う確率は高い。おそらくそのような状況に会わせるため政府は派遣したがっているのだろう。

このように日本を戦争をする国に変えていく勢いが激しい現在、戦争とは一体どのような経験なのかを、もう一度ゆっくり考え直すのがふさわしいだろう。そのため、二〇〇三年アメリカで出版されたとても役に立つ本を紹介したい。それは長い間戦争特派員を務めたクリス・ヘジェス（Chris Hedges）の著作『すべての人が戦争について知るべきこと』（*What Every Person Should Know About War*［New York：Free Press］）という本だ。

この本はあきらかに反戦の立場であるが、戦争反対の議論が一切含まれず、事実だけをQ&Aの形で並べている。しかも、その事実の選び方が興味深い。日本または沖縄でこのようなテーマの本がもし出版されたら、その内容は、自分の国が侵略され、町が空襲され、自宅が破壊され、家族が殺されるなどの経験がほとんどとなるだろう。

ヘジェスの本ではそういう一般社会の被害についての話は二、三ページで終わってしまう。本の中心テーマは、自分が軍に入って、海外へ行き戦争をするというのはどのような体験なのか、ということだ。さすがアメリカ合衆国の本である。アメリカは、南北戦争や十九世紀の終りまで続いた先住民との戦争以来、関わった戦争をすべて海外で済ませている。したがって、この本はアメリカの戦争体験を正確に反映しているだろう。日本政府はこれからアメリカについていって、アメリカと同じように海外だけで戦争をしようと計画しているようなので、そういう意味で、この本は参考になる。

戦争に負けるのはつらいが、勝つのはそうではない、という考え方がある。言い換えれば、殺されるのはつらいが、殺すのはそうつらくない、ということになる。特にこの点についてこの本は一読の価値がある。

ヘジェスが調べた統計によると、人を殺すことに関して抵抗を感じない「生れつきの殺し屋」は人口の二%に過ぎず、残りの九八%はその抵抗を超えなければ兵隊にならない。その抵抗を破壊するのが軍事訓練の重要な目的だが、その訓練を受けても人を殺せない兵隊もいる。第二次世界大戦中、前線にいた米軍の兵士のうち、実際鉄砲を撃ったのは半分に満たなかったが、その後、訓練は改善され、ベトナム戦争では九〇%になった。しかし、そのような厳しい訓練を受けても、兵士が初めて人を殺した時激しい拒否反応が起る。恐怖に溢れてライフルを落としたり、泣き出したり、嘔吐したりすることがよく起こるらしい。時間がたてばだんだんと慣れてくるが、逆にあまり長く戦場にいると、戦争神経症になる恐れがある。実戦中またその直後、兵士の一五~三〇%は戦争神経症を経験する。症状は様々だが、混乱、吐き気、ゲリ、身震い、失語症、失明、眩暈、そしていわゆる「千メートル眼差し」(千メートル先を見ているような目つき)が挙げられる。胎児型姿位に戻る(つまり生まれてからのことをすべて否定し、生まれる前の胎児の姿勢になる)こともある。

ところが全く逆の反応、つまり「実戦中毒」になる恐れもある。激戦の中で、体は大量のアドレナリンを血液に流すが、麻薬の注射のように恍惚状態に入ることもある。「飛び回って、笑い、冗談を言い、楽しんで、周りの危険なことを全く忘れる」。その経験から生き残れば、その繰り返しを求めることもある。そのような依存症になってしまえば殺されることはほとんど確実だそうだ。

戦争神経症がすぐ治り、戦争をやりつづけることができる場合もあれば、そうではない場合もある。実は敵によって殺されるより「精神的損耗」になる可能性が高い(とヘジェスはいうが、これは明らかにアメリカの統計だ。兵士のほとんど全員が殺された戦いをアメリカは経験していないとしても、他の国は経験したことがある)。第二次世界大戦の場合、米軍の「精神的損耗」の数は五十万四千人だったそうだ。同じ戦争からの統計だが、実戦を六十日間ずっと続けると、生き残った兵士のうち九八％は「精神的損耗」、つまり精神病、になる。残りの二％は既に「攻撃的精神病質人格」を持つ、つまり、上述した「生まれつきの殺し屋」である。

ヘジェスの本には書いていないが、米軍はその対策として、前線にいる兵士を交代させて、定期的に休息をとらせる。ベトナム戦争の時、米軍はよく戦場からバンコク、沖縄、東京などへ遊びに行ったのは、そのためだった。もちろん、それは侵略者の特権であり、侵略された側はそんな贅沢なことができない。

しかし、交代させるのは表面的な対策であり、戦争体験の精神的傷がなかなか治らない人もいる。アメリカでベトナム戦争に参加した退役軍人は三百五十万人はいるが、そのうちの五十万から百五十万ぐらいが、何らかの精神障害を持っているといわれている。そしてアメリカでかなり有名な話になっているが、ベトナム戦争で殺された米軍より、戦争後自殺した退役兵士の方が多いらしい。ヘジェスの本には触れられていないが、ベトナム戦争を経験した人の精神障害や自殺がこんなに多いということは、あの戦争がはっきりした不正な戦争だったことが大きな原因のひとつだと思う。兵士は戦争の大義名分に説得されておらず、人を殺したり農村に放火したりするのは精神病質人格にならないとできないことだっただろう。そうであるなら、はっきりした不正な戦争であるイラク侵略もそれに参加する兵士（日本自衛隊が派遣されれば、それも含む）に似たような影響を与えるだろう。

しかし、ベトナム戦争の場合、そのニヒル（虚無）的地獄からの抜け道をつくった米軍兵士もいた。その人たちは軍の中で大きな反戦運動をつくり、実際に戦争に抵抗して、米軍が撤退してベトナムの統一ができたことの大きな原因のひとつとなった。米軍の二割ぐらいは何らかの形でその抵抗運動に参加したそうである。彼らは抵抗しなかった人たちより精神的障害の程度は軽いだろう。

ヘジェスの本には他にも興味深い事実が載っているが、以上紹介したのでもわかるように、戦争を海外で済ませればたいしてつらくない、という考えは神話にすぎない。そして、加害者・被害者の単純二元論でつかめないところがあることもわかる。つまり、加害者側、正確にいうと、加害者側が利用している兵隊たち、にも大きな被害があるのだ。

積極的平和？

「武力によって、平和をつくることはできない」とは、日本の平和運動家がよく口にする言葉である。しかし、それは平和に関する伝統的な考え方と矛盾するし、厳密にいうと正確ではない。軍事力によって成立できる一種の平和があるからだ。

おそらく、世界の人々の過半数、そして、確実に世界の政治家や政治学者のほとんどは、そのような平和が唯一実現可能な平和だと信じているだろう。その議論は愚かなものではないし、簡単に論破できるものでもない。

正戦論の創立者だと評価されているアウグスチヌス（三五四～四三〇年）が述べたように、すべて戦争の目的は平和であり、そして、一方の勝利か、講和条約か、いずれかの方法によって、結局、平和が再設立される。人類史のほとんど、そして、今現在この世界に住んでいる人々のほとんどにとって、それが平和の定義そのものである。平和は講和条約によって確保されるものであり、講和条約は戦争を終わらせるために結ばれるものである。つまり、平和は戦争によってつくられ、軍隊、警察その他の国家暴力によって保護される社会状態ということになる。

「研究社英和辞典」の pacify の定義は興味深い。すなわち、「二、（国を）（武力によって）平穏な状態に戻す。平定する。（国）の平和を回復する：（占領地の暴徒などを）鎮定（鎮圧）する」。

つまり、平和とは、戦争と戦争との間の時間のことであり、平和活動家の仕事は、その時間がなるべく長く続くようにすること、となる。この考え方によると、（日本国憲法の第九条に規定されているように）軍事力を廃止することは平和を確保する方法でもなんでもない。平和を保証するものそのものを破壊し、それによって、最悪の戦争状態を招くことになる。

日本の平和研究者や平和活動家には、このような考え方を無神経、無感覚、偽善的、不道徳な態度として否定してしまう傾向がある。しかし、この考え方は死の商人や戦争挑発的政治家だけではなく、国連憲章をはじめとして、国際法そのものの中心なのだ。世界連邦政府を作ろうと思っている人々もこの考え方を（意識的か無意識的に）前提としている（「世界政府」の実力は、各国の軍事力をかき集めて自分のものにすることから生まれるだろう）。同じように、国際刑事裁判の支持者は正戦論の容認を前提にしている（「戦争犯罪」が存在するなら、犯罪ではない戦争行為、つまり正戦、も存在するはずだ、と）。つまり、この平和論を容認する人々のなかには、善意をもって丁寧に考えようとしているたくさんの人が含まれるのだ。

平和学者は、この平和論を「消極的平和」と呼び、「積極的平和」と対比する。「積極的平和」とは、国家暴力の威嚇によって維持されているのではなく、紛争の原因となっていた社会問題が解決されていることによって自然にもたらされる平和、と定義される。もし、経済的不正がなくなり、搾取が廃止され、人種、性、その他のすべての差別が消え、軍国主義的民族主義も消え去ってしまえば、紛争の根拠はなくなり、平和は国家権力によって押しつけられたものではなく、人間社会の常識的な状態になる。「積極的平和」は例外的な状態・非戦状態だけではなく、その「例外的」状態・非戦状態が慣習的に「自然・当たり前」に存在するものである。暴力をふるい始めればさらに大きな暴力で処罰されるのではなく、暴力が存在しない状態のことだ。

「消極的平和」は、合法的殺人権をひとつの組織に集中することによって確保するものである。つまり、一定の地域の中で、他の組織やグループが抵抗する見込みがないほど圧倒的な力を占めている組織があれば、その地域では組織的暴力の量が減る、ということだ。

ホッブスが指摘したように、そのような状況を達成するのには、二種類の方法がある。ひとつは社会契約、つまり、みんながこの「正当な暴力の独占」を国家に渡すように同意する契約を結ぶ、という方法だ。もうひとつは征服、つまり、抵抗できそうな組織を国家がすべて破壊して「正当な暴力の独占」を獲得する方法である。この法則は今日でも有効である。現在存在している国家のすべては社会契約に基づいているわけではなく、国家と国民との戦争――国家が自らを創立する最も原始的な戦争――が続いている国が多い（国家軍事力の第一次的な相手は自国民であって、外国人は第二次的だと気がついていない人は多いだろう）。

このように、国内の消極的平和は、国家暴力によって達成されている。国際の消極的平和は相互恐怖（国際関係学用語で「力の均等」と言う。核の時代に入ると、「テロ威嚇の均等」となる）

によってかろうじて守られることもある。「守られる」とは、戦争と戦争の間に平和の時もある、という意味だ。本格的な消極的平和を世界規模で獲得しようと思えば、どの国家も連盟も抵抗できないほど圧倒的な権力をしめている巨大な組織が必要だ。それは世界規模の社会契約、つまり国際条約によって完成するのが原則として可能だ。国連を本当の世界政府にまで拡大しようとしている人々は、このやり方を求めているだろう。さもなければ、ある国家が、すべてのライバルを破壊できるぐらい強くなれば、古代ローマを模範にして、世界規模の消極的平和を押しつけることも原則として可能だ。これが現在のアメリカ政府がやろうとしていることである。

ローマがブリタニアを侵略した時、抵抗していたブリタニア人のリーダーの一人であったカルガクスが演説をして、次の有名なことばで締めくくった。「彼等は荒地をつくり、それを『平和』とよぶ」。しかし、消極的平和は必ずしも荒地をつくるのではない。人々がその妥協に慣れれば、静かな、場合によっては豊かな生活をおくることもある。誰も抵抗しなければ、牢屋のなかの生活でさえも平和的に見えてくるだろう。

積極的平和とは、殺す権利を多数者から奪い少数者へ渡した状態なのではなく、殺す権利がどこにも存在しない状態のことだ。「正当な暴力」の権利を持っている組織は存在しない。すべての国家公務員は、軍隊も含めて、一般市民と同じような倫理的法的原則に従う義務も持つ。もちろん、それは軍隊が軍隊でなくなることを意味する(警察まで含めれば読者の想像力を超えるおそれがあるので、この論文では警察の問題は別においておくことにする)。

1　「積極的平和」とは、軍のない状態である

それでは、軍のない状態は日本で実現できているのだろうか。たしかに、日本国憲法第九条にはそう規定されている。また、今現在の日本の自衛隊は完全に軍隊組織になってはいないが、日米安保条約によって日本は米軍事力に従属させられているだけではなく、米軍事力の支配下にも置かれている（もちろんその支配はほとんど目に見えないものになっている。露骨に見えるところは沖縄と永田町だけだ）。

逆に、軍隊を完全に廃止するのは、ほとんど想像できないほど難しいことだと思う読者がいるだろう。私もそのひとりである。そこで、この論文において、軍隊とは一体何なのかを改めて検討することによって、「積極的平和」を作る仕事＝軍隊をなくす仕事、をもう少し想像可能なものにしたいと思う。

軍隊とは、戦争をする組織だけではない。アイゼンハワーが、米大統領引退時の演説で、「軍産症候群」の危険性に対して警告したのは有名なことだ。その警告は重要であったが、軍隊が市民社会に浸透することを「既にできている既成事実」ではなく「これからできるかもしれない危険性」だという言い方には問題がある。なぜなら、少なくとも西洋型の国家において、軍隊は単なる政府の支配下にある政府の機関というだけのものではない。軍隊は経済的、政治的・法的、そして伝統を担う文化的な存在でもある。そのような、軍隊のそれぞれの側面を以下に取り上げる。

2　経済的存在としての軍隊

軍隊の経済的機能は歴史によって変化してきた。ローマ共和国、その後ローマ帝国の支配下で、ローマ軍は征服した町を略奪し、（奴隷も含む）強奪品を持って帰り、征服した民族から貢物を奪い、国の経済に貢献した。あるいは、むしろそれがローマの経済そのものだった、という言い方の方が正確かもしれない。アウグスチヌスが、帝国と強盗団とどこが違うか、と問いかけたとき、ローマ帝国のことを意味していた。ローマ帝国の最後の段階になると、ローマの市民は働かずに（戦争で奪った）奴隷の労働と征服した民族の貢物にほとんど完全に頼っていた。それがローマ帝国の没落に大きく「貢献」したのは有名な話だ。

植民地の時代に西洋と日本の軍隊は、諸外国を支配下に入れ、各植民地の土地と人間から富を能率的に採取できるように再組織化するため、実力を提供した。第二次世界大戦後、国連が創立され、十九世紀型の直接植民地支配が国際法によって禁止されるようになった。しかし、この不平等の経済制度が公平なものに代わったとはいえない。「経済成長」と改めて命名され、呼び方を変えたが、結果は変わったというよりも、中身が見えにくくなった。今度「グロバリゼーション」とさらに新しい名前になり、世界規模でしっかりと設立されており、相変わらず富を貧困地域から富んだ地域へ運びつづけている。富んだ国の軍隊（多くの貧乏国の軍隊もそうだが）の重要な役割は、この搾取制度を維持し防衛することだ。

同時に、兵士を養うやり方として、貢物に頼るのをやめ、その代わりに賃金制度が設けられた。

そのため、軍隊自体が重要な経済的機関となった。とくに米国では、軍隊は、資本主義経済制度が暴落しないための「隠れ誘い水制度」となっている。一九三〇年代の大不況に対して米国のニュー・ディール政権は、政策としてケインズ経済学を選んだつもりだったが、国の経済を不況から持ち上げることができるほどの公的出費をするぐらいの政治的意志を集中できなかった。経済を回復させたのは、ニュー・ディールの出費ではなく、一九四一年以後の軍事出費だった。ニュー・ディールの真最中、公共事業促進局の下で八〇〇万人が仕事をしていた。しかし、第二次世界大戦が終わった段階では、それぐらいの人数の軍隊と、さらに軍需産業に数百万人が従事していた。あれから現在まで米政府は、理由を変えながら、一貫して戦争経済を続けてきている。

その軍隊の経済的役割はとても大きくて、特殊的でもある。何百万人の兵士は（そのなかには、兵士にならなければ失業者になった人が多いが）何の生産労働をしないにもかかわらず国民が払う税金から給料をもらっている。そして稀な例外を除いて、何の社会的価値を持たないものを開発・生産するために、何十億ドルの国民の税金が軍需産業に渡される。

戦争と戦争の準備は、少数のいわゆる死の商人を富ませるだけではない。戦争と戦争の準備は世界経済システムの必要不可欠な要素である。「計画的旧式化」によってのみ破産を避ける社会が多いということはよく知られている。つまり、数年先の故障、または、モデルチェンジによって使えなくなる商品をわざと生産する、そうしないと商売にならない、ということだ。もし、自動車会社が六〇年間持つ車を生産すれば（もちろんそれは可能だが）、車の売上げは足りなくなるだろう。そのため、数年間で故障してしまう車を生産する。同じように、しっかりと建てられた家は数百年間持つ（日本の古い農家がその実証だ）が、日本の「ハウス」とか「ホーム」を大量生産している会社は消費財としての家、つまり二〇年で消費してしまう家、をつくってきた。

つまり、資本主義経済は生産する制度だけではなく、生産と破壊（経済学用語では、「消費」）の循環に基づいた制度である。車や冷蔵庫や家は、真の消費財になるために、買われるだけではなく、近いうちに破壊され、代わりのものが買われることが必要なのだ。この文脈では、軍需出費、特に戦時の軍需出費、の貢献は明確だろう。車の自滅には平均十年以上かかるのに対して、爆弾やミサイルには自滅以外に機能をもたないし、戦時なら組み立てラインから出て数週間で破壊されることもある。しかも爆発する時自分以外のもの（ビル、道路、橋、工場など）も爆破する。したがって戦争が続いている時、ほとんど瞬間的に「消費」される軍事設備の生産によって、ボロモウケができるし、戦争が終わってからその設備によって「消費」された工場、住宅、港などの再建築によって、またボロモウケができる。

沖縄の経済は軍事基地に従属しているとよく言われるが、それは氷山の一角にすぎない。米国の経済全体、ひいては世界経済そのものが「軍事基地に従属している」。つまり、軍事出費と戦争による「消費の早送り状態」に従属しているだろう。この非生産的出費なしでは、西洋支配下にある世界経済システムは一九二九年の状態に戻るにちがいない。

そして、軍隊組織は、他の経済組織と同じように、自分の商品の需要を積極的につくらなければならない。問題なのは、軍隊の唯一の商品は戦争だということだ。

戦後日本の経済成長は、資本主義の平和経済は可能だと実証した、という説がある。確かに、戦後の高度経済成長時代、軍需産業と軍事出費はなかったわけではないが、相対的に少なかった。日本の経済制度は、アメリカと異なり、自由市場主義ではなく、公的出費と政府、主に通産省の管理の役割が大きかったのは、周知のことだ（もちろん、戦後日本経済のテークオフのきっかけは朝鮮戦争だったことを忘れてはいけないが）。確かに政府に、軍事出費と軍需産業の代わりになるぐらいの公的出費をする意志を集中できれば、資本主義の平和経済は可能かもしれない。そういう意味で、今の日本政府が自由市場主義に変換し、民営化を進めると同時に、「戦争ができる国」にも変えようとしていることは偶然ではないだろう。

3　政治的・法的存在としての軍隊

現在の国家には、軍が統治（行政）機関となっているものが多くある。しかし、主権在民の原理に基づいているはずの共和国も、法的には軍はシヴィリアン・コントロール下にあるはずの国も、実は軍が民間政府と並んでもうひとつの行政機関となっている。このことにはいくつかの側面がある。

まず、第一に、軍隊は兵士を統治する組織である、ということだ。英語の「regiment」（連隊）の元の意味は「人、民族、または国に対する統治や政府」だった（『オックスフォード英語辞書』）。一七六八年イギリスの法学者ブラクストーンは、軍を「管轄区域」と呼び、それは公、教会、海上の管轄区域と並ぶ、と書いた。合理的・法的官僚組織の原型であろう軍隊組織は、人を階級（兵卒から大将まで）に整理するだけではなく、軍団（分隊—小隊—中隊—大隊—連隊—師団など）にも整理する。そうすると、最高司令官と最低兵卒が命令系統によって繫がり、後者の行為は昼も夜も監視され管理されるようになる。この統治は、一般市民の統治における法とは別の法制度に基づく。その軍事法制度には、行動の自由はない。上からの要求は命令であり、それに従わないことは犯罪である。社会的平等もない。階級は法によって定められており、自分の階級に適切ではない行為をした人（例えば、上司に対して敬語を使わない人）は牢屋に入れられることもある。そして、兵士には普通の労働者の権利もない。団体交渉をやろうと思えばそれは「反乱」として扱われ、仕事を辞めようとすれば、それは「脱走」として扱われる。しかし、一般市民にはない権利の一つが、兵士にはある。それは、戦場で人を殺す権利だ。

第二に、軍隊組織自体は管轄区域だけではなく、外国人を統治する新しい管轄区域をつくろうとすることもある。つまり、軍は戦争によって、外国とその国民を、その軍の政府の統治下に入れようとする。もちろん、国連憲章によって、昔ふうの領土拡張戦争は禁止されている。しかし、一九四五年以来すべての戦争は、ある地域からある国家の管轄権を破壊し、別の管轄権に変える目的の「統治を求める戦争」か、あるいは、相手の国家に自分の国家の政治的要求をのませる目的の「部分的な統治を求める戦争」であった。これはすべて当たり前だし、クラウゼヴィッツの「戦争は別の方法で実行される政治だ」という発言の意味するところでもある。

第三として、軍には自国民を直接統治する能力（そして多くの国では、作戦計画）がある。戒厳令（＝有事法制）は、すべての市民が兵士と同じ統治制度に組み込まれる、ということを意味しない。そういうことがもし実現されたら、一種の全体主義になるだろう。戒厳令は、通常の法制度が凍結されて、市民は軍隊に統治される、つまり征服された民族のように扱われる、という意味だ。具体的にどのような形になるかは、場合によって——軍事司令官の要求と、軍と市民の相対的な力によって——異なるだろう。戒厳令司令官は、例えば、交通法を凍結するのではなく、犯罪容疑者の権利を守る法律を凍結することの方に興味があるだろう。普通、戒厳令の目的は、戒厳令政権が気まぐれに人を逮捕したり処罰したりできることだろう（例えば、現在キューバのグアンタナモ米軍基地ではアフガニスタンで捕まえた六百数十人が監禁されている。彼らは極端な戒厳令統治を受けている、と言える。つまり、裁判なし釈放なしの状態におり、人権のまったく存在しない区域にいるのだ）。しかし、戒厳令司令官の気まぐれによっては、交通法の凍結もできる。基本的に戒厳令政権は前政治的・前法的、つまり、政府と人民との間の原始戦争状態への「回帰」でもある（言うまでもなく、主権在民説で考えれば、人民にはそのような政権に従う義務はまったく存在しない。義務は恐怖から生まれるものではない）。

4　軍隊はなぜ強いか？

軍隊組織がなぜ勝つのか。もちろん、勝つとは限らない。軍隊と軍隊との戦争において、勝利する軍隊につき敗北させられる軍隊も必ずいるので、戦争の代価を考えればその確率は五割、成功度は高くない。しかし、軍隊組織にとって決定的なのは、一般市民に対する優越である。その優越には三つの側面、つまり、資産と設備（武器）、組織と訓練、そして、国家による正当性、がある。

資産と設備に関して、特に現代大国の軍隊の場合、触れる必要はないだろう。それは巨大な富を占めていて、膨大な数の兵士を養うことができる。そして、軍以外にだれも持っていない武器と技術も持っている。刀、槍、弓と矢で戦争をした時代とは違う。

しかし、昔のあの時代でも、軍隊には組織と訓練による優越があった。英語では軍事教練は「drill」というが、元の意味はぐるぐる回す、ということだ。「drill」は大工が板に穴を開けるために使う錐《きり》やドリルも意味するが、旋盤《せんばん》で挽《ひ》く、という意味もある。軍時教練では兵士をぐるぐる回して、出っ張っているところや特質的なところを削り落とし、均質（「uniform」）な兵士にする（英語の「uniform」は「均質」という意味も「制服」という意味もある）。

この教練では戦争に関する専門知識を学ぶだけではなく、そこから生まれる連帯感が軍隊組織の力である（「soldier」［兵士］→「solidarity」［連帯］）。兵士は整列させられて教練されるが、陸上戦では列が乱れる方が敗北する。一般市民には、最初から「列」はない。

軍隊組織の三つ目の優越は、国家から与えられる正当性だ。兵士は、何人の人を殺しても、自分が法的にも倫理的にも殺人犯人として訴えられることはない、とわかっている。したがって、兵士は倫理的な疑問、あるいは、罰せられるかもしれないという恐怖、を感じずに人を殺し、夜はよく眠り、あくる日また人を殺し続けることがやりやすくなる。特に一般市民と戦っている場合、これはかなり大きな利点だ（もちろん実際の戦争になると、上司に心配するなといわれても、よく眠れない兵士はいる)。

5　軍隊組織は何をするか?

この疑問には二つの側面がある。つまり、軍隊組織が(戦争法と慣習に従うとき)するべきことと、実際すること、である。別の言い方をすると、列を落伍しないときにすることと、勝利の後、列が乱れてからすること、である。

軍事行動のこの二つの顔は、十五世紀イギリスのフランス侵略に基づいたシェイクスピアの芝居「ヘンリー五世」に見事に描かれている。

その芝居のなかの、歴史的にかなり正確だといわれている一四一五年のアジャンクール戦の描写に、両方の軍隊が大きなサッカーチームのように、広くて平らなグラウンドのような野原の両側で並んでいるところがある。戦場には、非戦闘員はいない。戦いは夜明けになってから始まり、日が暮れる前に終わる。双方は戦争法に注意しながら戦うが、フランス軍が「反則」を犯したとき(イギリス軍の荷物を見張っている武装していない青年たちを殺害した)、イギリスのヘンリー王はフランス側にペナルティを払わせる(捕虜になったフランス軍兵士を殺すように命令する)。野原の側にあった丘の上で、フランスとイギリスの伝令官(そして好奇心にかられた村の人々)が見ているなか、フランスの使者が審判のような役割をはたして、イギリスの勝ちだとヘンリー王に知らせる。

この戦いは正戦の原型の一つとして評価されている。決闘と同じように、法的に殺してもいいのは、殺そうとしている人に限る。そして、イギリス側が勝ったことが明確になった段階でその日の戦いは終わる。

しかし、同じ芝居には、イギリス軍のハーフラー包囲攻撃の忘れられない描写もある。イギリス軍が勝利直前の段階で、ヘンリー王はハーフラーの市長に話しかけて、選択を与える。今降伏すれば、市民の安全を保障する。降伏しないのなら、

「――(略)――ハーフラーの町がみずからの灰燼《かいじん》に埋もれるまで
徹底的に破壊しつくし、中途で手を引くことはないと思え。
慈悲の門はことごとく閉ざされ、返り血を浴びて、
心を鬼にした兵士たちは、良心を地獄の口のように、
大きく開いて、おまえたちの花の乙女も蕾の幻子《(ママ)》も
草でも刈るようになぎ倒してまわるだろう。だが
この私になんのかかわりがあろうか、たとえ
神々も目をそむけたもう戦乱が、悪魔の王者のように
炎の衣に身を包み、戦塵にまみれた恐ろしい形相で
破壊にともなうどんな残酷な行為をしようとも?
この私になんのかかわりがあろうか、たとえ

おまえたちの純情無垢な乙女たちが、猛り狂う
情欲の手に落ちて乱暴されようと、その原因が
おまえたち自身にある以上？　放らつな邪悪が勢いこんで
丘を駆けおりるとき、それを制御しうる手綱はない、
やみくもに略奪に走る兵士たちに生命《（ママ）》をくだして
それをやめさせようとするのは、沖の鯨にむかって
浜辺へくるよう召喚状をおくるようなものだ、無意味な
むなしい作業でしかない。だから、ハーフラーの市民たち、
おまえたちの町を、そこに住む人々をあわれむならば、
わが兵が私の指揮下に十分掌握されているいまのうちに、
冷静でおだやかな慈悲の風が、殺人、略奪、暴行の
毒気をはらんだ汚らわしい黒雲を吹き払っている
いまのうちに、あわれみをかけるがいい。さもないと、
いいか、一瞬ののちには向こう見ず無鉄砲な兵士たちが
血に汚れた手をもって、泣き叫ぶ娘たちの前髪をつかんで
凌辱《りょうじょく》し、父親たちの白髭をつかんでその老いた頭を
壁にたたきつけ、赤子たちのからだを手槍で
串刺しにするだろう、その母親たちが狂乱のあまり、

かつてヘロデ王の血に飢えた殺し屋どもの所行に
ユダヤの妻たちがなしたごとく、恐ろしい悲鳴で
雲を突ん裂くその目の前でだ。」

（『シェイクスピア全集19　ヘンリー五世』小田島雄志訳、白水社）

戦争はこの段階になると、戦争法は凍結される。兵士は司令官の指揮から解放される（芝居では、それは行われない。王の威嚇は成功して、市長は降伏する）。古い英語では、これは「military execution」（軍事的執行あるいは軍事的死刑と訳されるか？）と呼ばれ、オックスフォード辞書には「国を略奪し破壊するために兵士に引き渡す」という定義になっている。

現在ではその行為は国際法に禁止されていて、ほとんどの国の軍事法によっても禁止されている。そのため、現代の軍隊は複雑な状況にいる。厳しい規律のもとで展開される戦争は（戦闘員と非戦闘員が同じ空間に動く陸上戦では特に）、勝利が確実になった段階では、勝つ方の軍隊は自然に群衆暴動に乱れるものだ。その転換は軍隊の伝統と文化に組み込まれている。そして、上述した例で見えてくるように、それは効果的な戦術でもある。つまり、司令官は、兵士を自分の指揮から解放することを威嚇するか、または、時々実際に解放することによって、敵に恐怖を与えることができる。それは現在の国際法に禁止されているということによって、軍事行動の自然な段階として、あるいはすべての（特に陸上の）軍隊の潜在能力として、または（場合によって実行される）暗黙の威嚇として消え去ったことを意味しない。

群衆暴動という軍事行動がヨーロッパの歴史でどれだけ利用されたかは、それに関する英語表現の多さでわかる。例えば、「massacre」（虐殺）、「rapine」（略奪）、「laying waste to the countryside」（土地を荒らす）、「sacking a city」（都市を略奪する）、「taking spoils, booty, pillage, plunder, loot」（戦利品、強奪品、分捕り品をとる）などがある（ヘンリー王の威嚇演説では、物を盗むことに触れていないのが興味深い）。そして、「rape」の定義の内、軍事行動を指すのもある。それは「to rob, strip, plunder (a place)」（［ある場所を］強奪、略奪する）（オックスフォード辞書）であり、例えば南京虐殺は英語で「the Rape of Nanking」となる。そして、シェイクスピアが正確に記録したように、軍事略奪行為の一部分として、実際の女性に対する強姦も組み込まれているようだ。その行為は、歴史記録が残っている最も古い戦争にも見えるし、近現代の戦争にも見える。

6　軍隊はだれを殺すか？

兵士の専門は、人を殺すことだ。人を殺すために雇われ（あるいは徴兵され）、人を殺すために教練され、人を殺すための特別権利ももつ。戦争法は、兵士はなるべく敵の戦闘員だけを殺し、「できるだけ」非武装の一般市民を殺さないように努力すべき、と義務づける。しかし、実際は、兵士より一般市民の方が多く殺される。理由は分かりやすい、つまり、一般市民の方が殺しやすいからだ。軍事教練を受けず、組織をもたず、武器ももっていない一般市民は、隠れることも上手ではなく、行動計画ももたず、撃ち返すこともできない。一般市民を殺すのはわりと安全だが、兵士を殺そうとしたら自分が殺される可能性もある。

さらに驚くのは、全部あわせて数えると、軍隊は外国人より自国民を多く殺す。二十世紀を通して、国家によって殺された外国人の数は六八、四五二、〇〇〇人だが、自国民の数は一三四、七五六、〇〇〇人だそうだ（R. J. Rummel 著、*Death by Government*、一九九七年、一五頁）。もちろん、それはすべて軍隊によって殺されたとは限らないが（国家には軍隊以外に人を殺す方法がある）、軍隊が殺した外国人と自国民の割合はこの統計と似たようなものだろう。これは、軍隊は国民を怖い外国人から守るために存在する、という固定観念と矛盾する。しかし、上述したようにほとんどの国家にとって、軍隊の基本的な役割は国民の上に国家権力を確立し、国民からそれを守ることだ、ということを思い出せば、その統計はそれほど驚くことではないだろう。国家の国民との戦争は「原始戦争」であり、それによって国内の「消極的平和」を獲得し、外国との戦争を可能にする。逆に多くの国家間戦争では、真の目的は国内の治安を固めることにあるのは言うまでもないだろう。今現在、世界で行われている戦争のほとんどは、この「原始戦争」の形になっている。そして世界の多くの国家では、軍隊は国民と闘う以外の目的はもっていない。これらのことは毎日の新聞で確認できる（そして、最近問題になった有事法制は、主権在民政治であるはずの日本での、この国家と国民との原始戦争の復活を意味するだろう）。

7　女性は軍隊組織のなかでは平等を獲得できるか？

日本において、憲法を変え日本を「戦争のできる国」にしたい人々の多くは、フェミニズムに反対でもあることは周知の事実だ。その人たちの洞察は正しいだろう。軍隊組織は家父長制社会の要だ。家父長制の原型でもあるし、家父長制を実行する勢力でもある。家父長制を研究するならば、軍隊組織を見るべきだ。

軍隊のなかで女性は平等扱いを獲得しつつあるのではないか、と答える人がいるだろう。しかし、それはありえない。少なくとも、軍とは何であるか、何をするか、を抜本的に変えない限り、ありえないと思う。

現在存在している軍隊が何であるか、何をするか、から考えると、そのなかで女性は平等になる可能性はない。もちろん、それに関して議論はあり、男性兵士ができることは女性もすべてできると論じる人と、できないこともあると論じる人がいる。この論争の多くは要点はずれである。なぜなら、軍隊は合法な正戦しか行わないという誤った前提に立っているからだ。やりたいかどうかはともかく、女性は合法な正戦でやる仕事はすべてできるだろう。それだけではなく、女性は飛行機やミサイルで犯す「長距離戦争犯罪」も問題なくできるだろう。それでも女性兵士は認められない、と言い続ける頑迷な保守派は、真の理由を公で言えない。

彼らは、軍事行動は合法な正戦だけではないということがわかっている。略奪能力（少なくとも暗黙の威嚇として）をもっていない軍隊は、軍隊ではない、ということだ。彼らが女性たちに言いたいのは次のことだ。「わかりました。君たちは機関銃を打つこと、戦車を運転すること、ミサイルを発射すること、みんなできます。しかし、戦場での略奪と強姦はどうしますか?」

この質問は答えられないのだが、尋ねることもできない。

8 積極的平和?

この原稿に与えられたテーマは「積極的平和」であったが、問題は、この世にはその研究対象がどこにも存在しない、ということだ。あまり気楽に積極的平和について語ると、戦争と軍隊組織が私たちの日常生活、常識、経済、政治、法、慣習、文化、国際機関、ジェンダー意識、家族制度、美意識、そして「平和理念」そのもののなかに、いかに浸透しているかが見えなくなる恐れがある。

「積極的平和」を描写するには豊かな想像力が必要で、とてもではないが、私にはそんなものはない。そこで、このエッセーではもっと初歩的なことをやってみた。つまり、「積極的平和」が軍のない状態であるならば、軍が私たちの社会のなかでどのような存在になっているのかを考える文章を書いたらどうか、と思ったのだ。軍がどれだけ私たちの日常に入っているか、ということがわかったら、「積極的平和」、つまり、軍を完全に社会から追い払うことがどれだけ抜本的な社会変化になるかが見えてくるだろう。

「テロ」の定義とは？

ニューヨーク・レビュー・オブ・ブックス（NYRB）の二〇〇二年一〇月一〇日号から続けて三号の広告欄の「一般」項目に、次のような広告が掲載された。

懸賞募集……「テロリズム」を定義する。条件は（a）戦法としての特徴を明確にする、ただし（b）米国の軍事戦略・戦術を除くこと。この二つの条件をかなえる定義を最も早く提出した者には賞金一〇〇〇ドル提供。NYRB私書箱XXXまで。

明確な政治発言を促進する会（発起人　フランク・バーデキー、ダグラス・ラミス、ジェフリー・ラスティグ）

私たちがこの広告を出した理由は、わが米国政府が「対テロ戦争」を開始し、そこですでに多くの人命が失われ、さらに多くが失われることは必至であり、この戦争が国際法という脆弱な体制を解体寸前においやり、終結の見通しもたたない上に、政府当局者も国民も「テロ」とは何かについて完全に混乱しているように見えるからである。

これは由々しき問題である。明確な定義なしには、どこを攻撃し、攻撃する資格があるのは誰かについて確信が持てないではないか。米軍がこのような戦争を行いうる主体であるためには、上記の（a）および（b）という条件を満たすような「テロ」の定義が可能でなければならない。このような定義を下せる人がいることを期待して、私たちは懸賞募集のスポンサーになる決意をしたのである。

民間人への暴力?

私たちの元には五二通の回答が寄せられたが、すべて米国のイラク戦争が起こる前に書かれていた。意見を述べたもの（二週は写真を使用）やパロディーもあったが、多くはまじめな回答だった。まじめな回答は二つのタイプにわかれる。第一のタイプのましな例として以下があげられる。

テロリズム……敵の政権から譲歩をもぎとり、政策を変更させるために民間人に対して行う戦争行為。

住民全体を恐怖（テラー）に陥れる効果をもつ暴力の形態。

テロリズムとは民間人に対する政治的暴力ないし戦争の行使である。その手段は大量破壊兵器の使用、戦争に関する国際法や慣習法に違反する戦術であり、その目的は住民を恐怖に陥れて、政府から譲歩をかちとり、決定を押し付けることにある。

これらの定義は米国防総省が使う次のような言い方に似ている。「政府や社会を威圧ないし威嚇するために、個人や財産に対して力ないし暴力を違法に行使すること、あるいは行使すると脅すこと。政治、宗教、イデオロギー上の目的達成のためであることが多い」。

いずれもテロのある側面をとらえている。テロとは意図的に非戦闘員である民間人に加えられる暴力であり、住民全体を恐怖にさらすことをめざし、（例えば銀行強盗とは異なり）政治的ないし宗教的動機に基づいて行われる。

今回の懸賞募集の条件が（a）のみ、つまり戦法としてのテロの定義づけということであれば、上記の回答は有力な回答となるだろう。だが、これらの回答はいずれも（b）について、つまり米軍の戦略と戦術とを除外した定義、という条件を満たしていない。テロを法律の枠外にあるものとして定義するなら、あるいは単に暴力的で恐ろしいものとするなら、米軍が自動的に除外されることは自明なのだろうか。

アメリカ政府の行動の中にこうした説明にあてはまる可能性があるなどということは、考慮に値しないのだろうか。

誰が実行するかが問題?

第二のタイプの例をあげてみよう。

テロリズム……政治目的をはたすために生命や財産に対してふるわれる暴力行為(通常、冷酷な行為)だが、遂行するのは超法規組織を代表する非軍事勢力である。

テロとは、市民と当局の双方に対し暴力的な奇襲攻撃を行う秘密組織ないし個人が使う表現。その攻撃は往々にして破壊的であり、自殺行為の場合もある。狙いは恐怖と混乱、全般的な士気低下・喪失、疲労感、絶望感をつくりだし、体制の変革ないし体制内の政策変更を迫ることをめざしている。

この二例に共通するのは、テロの本質よりむしろテロの行為者(超法規的組織)によって定義することで米軍は除外できると考えている点にある。何が行われるかではなく、誰が行うかが問題なのである。このような定義づけのやり方は、いうまでもなく様々なバリエーションがあるのだが、今日の米国社会で絶対的権威をふるっている。

米国務省もこの戦略を使い、国民にこう説く。「『テロ』という言葉は、国民を代表しない要員ないし地下組織の要員が非戦闘員に対して加える政治的動機による計画的暴力を意味する。通常、観衆に影響を及ぼすことを意図する」。政府当局者や主流ジャーナリズムだけでなく、日常の会話でもこうした言葉が使われている。

残念ながら、こうした戦略に基づく定義づけはうまくいかない。

上述の定義はすべて、暴力行動の形を述べた後に、こうした行動が超法規的、非政府組織に限定されると想定したり、断言したりしている。なぜそのように限定されるのか。政府は決してそのようなことはやらないからなのか。あるいは、政府が同じようなことをやった場合は、別の名前で呼ぶからなのか。

倫理や法律の論議の中に、こうした選択的な用法の先例がある。強制的監禁が法律の範囲を超えて行われた場合は「誘拐」と呼ぶし、国家当局によって行われれば「逮捕」とか「投獄」と呼ぶ。法律を無視した殺害は「殺人」だが、正当な法廷の命令によるものは「処刑」である。「誘拐」や「殺人」という言葉には違法、非合法という意味が組みこまれている。

以下で論じたい点は、テロの本質に法律の範囲を超える部分があるとはいえ、「テロ」は特定の非合法行為の名前ではなく、むしろさまざまな種類の行為によって行われる戦略の名前だということである。その中でもっとも顕著なのが、懸賞に応募した人の大半が触れているように、非戦闘員を意図的に殺すという行為である。しかし、非戦闘員に対する意図的な殺害は、誰がやろうと違法であることに変わりはない。

戦争法は、伝統的な戦時法から近代的国際法、各国の軍法規程のいずれを見ても、非戦闘員を意図的に殺害することについて、「国家の軍事組織の軍人によって行われたものでない場合は」犯罪であるとは言っていない。その反対に、こうした戦争法は主として制服を着た軍人を抑制するための法なのである。テロの本質となる行為は、軍人によって行われた場合、犯罪でなくなることはない。どちらかといえば、さらに犯罪性が高まるのである。

テロとは犯罪の名称ではなく、戦略の名前であり、懸賞募集に書いたように「戦法」である。テロを構成する行為は、正面攻撃、側面攻撃、挟撃作戦、包囲、集中爆撃、指導者の暗殺、毒ガス攻撃、捕虜の拷問などなどのその他の戦闘方式と同じ部類に入る。これらの行為には合法的行為もあれば不法行為もあるが、誰が行うかによって呼び方が変わることはない。「拷問」を「国家要員ではない者が囚人に苦痛を与え、情報や自白を迫る行い」と定義することはない。

テロについても同じことがいえる。国家テロを不可能なこととして定義しても、残念ながら世界中から国家テロが姿を消すことはないだろう。まず、テロとはどういう類の行動かを定義し、ついでどこの政府であれその活動が、あるいは今回の懸賞募集の目的に沿うなら、米軍の活動が、この定義にあてはまらないかどうかを見る必要がある。

テロに似た進み方をし、テロに似た離し方をし、テロのような印象を与え、テロのように見え、テロとおなじ結果をもたらす戦略が米軍にあるとすれば、それはテロである。

市民社会への攻撃

ではいったい、テロとは何なのか。

私たちが驚いたのは、応募者の誰ひとりとして、手始めにオックスフォード英語辞典（OED）その他の古い権威のある出典にあたるという、自明の手段をとらなかったことである。OEDの定義はためになる。

テロリズム……1. フランス革命当時、一七八九年から一七九四年まで政権党が命令し実施した脅迫による統治。「恐怖」政治（一七九三～九四）。

2.（一般的に）選択した相手に恐怖を与えることを意図する政策。威嚇という方法を採用すること。恐怖を与えている、あるいは恐怖にさらされているという事実。

「テロ（テロリズム）」とはもともと、一部の国民を無作為に殺害して国民を服従させようとして政府が用いた方法を意味した。「恐怖政治」に決定的に重要なことは、法律の崩壊であった。法の支配の下であれば、どのような行動に出れば国家の暴力がふりかかるか、かなり確実に考えることができる。それが分れば、比較的安全な行動方法を選べる。「恐怖政治」では、この安全マップが無効になってしまった。

「テロ」の定義とは？

昨日まで何の罪もなかった発言や振るまいが今日は死に値する罪となりかねない。今日は「市民」の模範であっても、明日はギロチンにかけられるかもしれない。一般に知られた確実な法律を無視した暴力が無作為に加えられるとなれば、人は安全が保証される道を選ぶこともできなくなる。死がいつ何時、誰を襲うか分らない。だからこそ、テロ（恐怖）なのである。

テロの意味はその後さらに拡大し、国民を相手にした国家の戦争の一戦略だけでなく、国民が国家を相手に行使する戦略、あるいは植民地の住民が宗主国に対して行使する戦略も含むようになった。また、国家間の戦争にも用いることができる。これは敵の士気をくじく戦略であり、犠牲者を選ぶのに際して一切のルールを拒否し、敵のグループの誰一人安全ではいられないようにする。

「いっさいのルールを拒否する」とは、国家が国民に向けてテロを行っている場合は、一般に知られている刑法を無視することで、どのような行為が罰せられるのか、国民にまったく分らないようにすることを意味する。戦時下の軍隊の場合は、非戦闘員の殺戮を禁止した戦争法に従わないことで、誰ひとり攻撃を免れる道はなくなることを意味する。

政府を相手にしている秘密組織の場合は、刑法や戦争法を遵守しないというにとどまらず、犠牲者を選び出すことにおいてもルールやシステムはいっさい存在しない。したがって、テロは暗殺と混同されることが多いが、両者はまったく別のものである。暗殺者も非戦闘員を殺すが無作為ではない。誰を殺すか分っている。その人物がやったこと、現在保持している権力を理由に犠牲者を選び出すからだ。

テロリストは誰が犠牲者になるのか知らずにレストランや通勤バスに向かって爆弾を投げ込む。

犠牲者のことなどおそらく気にもかけない。「安全な人間は一人もいない」ことこそがメッセージなのだ。

こうしたテロの形態に共通するのは「根元的な不法行為」である。不法行為は単に運悪く招いた事柄ではなく、この戦略の根本なのである。テロがもつ特有の力、恐怖（テラー）の源は、被害の規模や犠牲者の数ではなく（数が少ない場合もある）、法律というルール、人類の文明の法に従うことを拒絶することにある。テロは市民社会そのものに対する攻撃である。

米軍にみる無差別殺戮の実態

飛行機の発明が時間の問題になったときから、軍事評論家の間では飛行機を兵器として利用する方法について延々と論議が交わされてきた。戦場で部隊を上空から接近援護するために利用するという意見、軍需品を生産している工場を爆撃しろという意見、何を生産しているかを問わず工業中心部をすべて爆撃すべしという意見などさまざまあった。さらに民間人の爆撃に使えばいいという声も出てきた。

この最後の意見は、一九二〇年代にこれを支持する文章を書いたイタリアのジュルジョ・ドウエイ将軍にちなんで「ドウエイ戦法」と呼ばれるようになった。ドウエイによると、都市部を無差別攻撃すれば、いずれは国民の抵抗の意志を打ちくだき、立ちあがって政府に戦争終結を迫ることになるという。「昨日に続いて今日も爆撃を受け、明日もまた爆撃にさらされることが分っていて、この受難がいつまで続くのか分らない国民は、ついに平和を求めざるをえない」。

ドウエイ戦法は正確に「テロ爆撃」と呼ばれるようにもなった。たとえば、第二次世界大戦中、英国空軍がドイツで行っていたことを説明するのに、かの権力者、ウィンストン・チャーチル自身がこの言葉を用いた。

英国空軍がドウエイ戦法を積極的に採用した反面、戦争が始まった時点での米軍は、爆撃は戦場での接近援護と工場や倉庫といった軍事目標に限定すべきだという考えに固執していた。しかし、周知のように、戦争が進むにつれてドイツでも日本でも空爆が行われ、広島と長崎で原爆が落とされ、こうした限定は完全に姿を消した。

アレックス・P・シュミットの一九八三年の著書『政治的テロ』を読むと、この言葉の用法がどのように推移してきたかがよく分る。この研究でシュミットは一九三六年から八一年までのテロの定義一〇八例を集めた。これらを読むと、国家テロを含むもともとの定義に固執する人々と、国家テロを目に見えなくする定義を探し求める人びとの間で、長年にわたりたたかいが続けられてきたことが感じ取れる。

前者の論としては、レイモン・アロン（一九六六年）のものがもっとも簡潔かつ説得力があるといえよう。

暴力行為として、それがもたらす心理的効果が、純粋に物理的結果をはるかに超えた場合「テロ」と分類される。この意味で、いわゆる革命的無差別行為はテロ行為であり、英米の地帯（ゾーン）爆撃も同じである。差別しないことで恐怖が広がる。特別に目標となる人間がいなければ、誰も安全ではいられないからである。

国家テロを除外しようとする定義は、たいてい本論の最初で紹介した二つの戦略のいずれかを持ち出すが、アロンほど明快なものはひとつもない。ひとまとめにすると、オーウェルの原則の好例となる。政治論は書き手の側に隠したいことがあると文書の質が落ちる、という原則である。第二次世界大戦以来、米国はドウエイのテロ爆撃法に基づく爆撃作戦を行ってきたが、ここではその長きにわたるリストをあげることはせず、代りに今現在の状況に目を向けたい。米国の戦略の中にテロの定義にあてはまるものがあるだろうか。

軍のスポークスマンによる公式発表を探しても、その答えは見つからないだろう。彼らは国際法や、米軍法、国内および国際世論の前で、米軍は一度たりと民間人を軍事目標にしたことはないと言わざるをえないからだ。非政府組織であるテロ組織とは大きな違いである。たとえ間違っても民間人を目標にしないとする主張は、民間人は目標に「されるべきではない」とする公式の原則を守ることになる。

しかし問題は、この主張による原則保持が偽善的な形をとらざるをえないことにある。政府指導者はもちろんそうではないことを知っているし、空軍や地上軍の部隊（少なくとも古参兵）もまたそうではないことを知っているからだ。

スマート爆弾（誘導式爆弾）の話はよく聞かされるが、アフガン戦争では米軍は旧来型の爆弾も二〇〇〇ポンド（約九〇〇キロ）投下した。何のためか。米海軍艦船カールビンソンの将校が行った以下の説明は説得力がある。「二〇〇〇ポンドもの爆弾は、どこに投下しようと、一平方マイル（約二・六平方キロメートル）以内にいる人間にとってはおだやかではいられない出来事だ」。

「おだやかではいられない出来事」というのは「恐怖にかられる」を婉曲に言ったにすぎない。この将校がいう二〇〇〇ポンドの爆弾がどれをさすか分らないが、CBU75だとすれば、この散弾型爆弾（CBU）には一ポンドの小型爆弾が一八〇〇個含まれている。

小型爆弾の性能は一個あたりTNT火薬〇・七ポンド（約三一八グラム）で、かみそりのようなスチール製破片六〇〇個が組みこまれ、その破壊力は四〇フィート（約一二メートル）のところまで達する。こうした爆弾がフットボール場一五七個分の地域に撒き散らされる。この範囲にいる人は、軍人であれ民間人であれ、老いも若きも男も女も誰ひとり生き残らないだろう。小型爆弾の中には爆発しないものも多く、地雷つまり完璧にいつ爆発するか分らない殺戮兵器となる。爆弾を落とす側は百も承知のことだ。

あるいはまたAC130を考えてみよう。これは超大型の貨物輸送機を改造したもので、横のドアから二〇ミリと七・六二ミリのガトリング砲と、一〇五ミリの曲射砲が発射できる。巨大な伝説の怪力鳥（ロック）のように目標の周りをぐるぐる旋回し、四方八方から銃弾を浴びせる。聞くところによると、ガトリング砲は一分間に六〇〇発発射され、一平方フィート（約〇・〇九平方メートル）あたり一発撃ちこめば、フットボール場の広さの地域全体を数秒でカバーできるという（フットボール場が大のお気に入りなのだ）。

巨大なプロペラ機のエンジンの音が耳をつんざきはるか上空から曲射砲の轟音がこれに加わるという恐ろしい効果が、AC130の効用のひとつだとされる。これがもたらす恐怖は、「ドラゴンシップ」「スプーキイ（気味の悪い）」「スペクター（幽霊）」といったあだ名に表われている。これは戦車やトラックといった軍事目標に効果があるが、広範囲の地域攻撃にも使われている。米国のパナマ侵攻、第一次湾岸戦争、ソマリア、ボスニア・ヘルツェゴビナ、サラエボ、アルバニアで使われたし、「永続的自由作戦」でも使われた。

たとえば、二〇〇一年一〇月二二、二三日の両日、アフガニスタンの町チョウカール・カレーズを攻撃したのはAC130機だった。この攻撃で民間人九三人が犠牲になったと言われる。この事件はペンタゴン（米国防総省）の当局者による、「住民が死んだのはわれわれが死ぬことを望んだからだ」という発言を招いたことでよく知られる。

さらには、ビッグブルーとかデイジーカッターなどさまざまな名前をもつBLU82―Bだとも考えられる。これはごく最近まで、米軍が保有する最大の非核爆弾だった。大きさはフォルクスワーゲンの小型車（ビートル）並だが、重量ははるかに上回る。一万五〇〇〇ポンド（約六・八トン）という重さは、通常の爆撃機では運べず、貨物輸送機MC130で運び、しかも爆風で飛行機が損害を受けないよう、少なくとも高度六〇〇〇フィート（約一八三〇メートル）で飛ばなければならない。

もともとはベトナムの密林にヘリコプターの着陸地を切り開くために開発されたのだが、以来、

「砂漠の嵐作戦」でもアフガン戦争でも対人兵器として使われている。最近の米国によるイラク侵攻では少なくとも二発がバクダッドで投下された。破壊力が及ぶ範囲は三〇〇から六〇〇フィート（約九〇〜一八〇メートル）と報じられる（別の筋は「フットボール場五個分」と伝えている）。

軍事当局者が語るところでは、その「心理的効果」は少なくともこれがもたらす物理的破壊と同じくらい大きいという。アフガニスタンでこれが使用されるところを見た英国軍は、米国が核兵器を使い始めたと思った。爆弾投下の結果を語る際、米兵は涙にくれたという報告も複数ある。

現在米軍は世界に向かってこうしたデイジーカッターのような在来型の怪物爆弾を段階的に削減し、外科的正確さをもつ兵器に切り替えつつあると納得させようとしているが、その反面でつい昨年、さらに大型の途方もない爆弾を完成させ実験した。重さ二万一五〇〇ポンド（約九・八トン）、破壊範囲半マイル四方（約〇・六平方キロメートル）におよぶこの爆弾は「マッシブ・オードナンス・エアブラスト（超大型砲衝撃波）」と呼ばれる。このすっきりしない名称は、略称を聖書にあるモアブ（ＭＯＡＢ）と同じにするために考え出されたものだ（訳注・旧約聖書のモアブはヨルダン川南西部にあった古代王国）。

さらにフセインをやっつけるあだ名「マザー・オブ・オール・ボムズ（あらゆる爆弾の母）」にもなる。デイジーカッター同様、この爆弾もＡＣ130貨物輸送機でしか運べず、高度も六〇〇〇フィートよりさらに高くなると思われる。

実験段階での最初のニュースでは、イラクでの使用に「ちょうど間に合う」よう作られたと報じられたが、侵攻の際に実際に使われたという報道は一度もされていない。

あるいはまた、CBU72―Bを考えてみよう。BLU―73B気化爆薬（FAE）が入っているクラスター爆弾だ。一個につき酸化エチレンが七五ポンド（三四キログラム）入っている。最初の爆発で直径六〇フィート（約一八メートル）、厚さ九フィート（約二・七メートル）のエアゾールの雲に変る。次の段階では「空気が火になる」と、ある解説に書かれている。その効果は、石油の精油所で時々起こる蒸気雲爆発や、穀物貯蔵産業の悩みの種である塵雲爆発をモデルに作り出された。

この爆弾のとくに有利な点は、「逃げ場」がないことにある。雲は犠牲者をどこまでも追いかける。燃える炎を吸いこむことさえあるという。深い掩蔽壕の中に身を隠していても、爆発で空中の酸素がすべて燃え上がって希薄化してしまうため、肺その他の器官が破裂してしまう。それに発火に失敗したとしても命とりであることは変らない。エアゾール自体が毒ガスに劣らない致死力を持つのだ。

第一次湾岸戦争において米国はこの爆弾を二五四発投下し、デイジーカッター同様、その「心理的効果」がとくに高く評価された。一九九〇年代、米軍はこの兵器を段階的に削減したが、今でもなお数百発が配備されているらしい。

核攻撃はテロそのものだ

「心理的効果」も恐怖（テラー）の言い換えである。もちろん、敵の軍隊を恐怖におとしいれようとすることは、戦争法違反でも何でもない。米軍スポークスマンが言うように、これらの兵器が正当な軍事目標に対してのみ使われるのであれば、国際法違反ではないし、テロではない。しかし、こうした兵器の性質自体、この主張が偽りであることを示している。

それらがもつ強力な破壊力を考えれば、非戦闘員を巻き込まないような市民生活から隔絶した軍事目標など、ざらにあるはずがないではないか。記者会見で大佐だか将軍だかが「これは失礼」とか「申し訳ない」と言おうと、「付随的損失」とレッテルを貼ろうと関係ない。この言葉こそ、一つの戦略を単なる戦術の失敗として誤認するものだ。

こうした大量破壊兵器は、広大な地域の中にいる生きものすべてを抹消するようにできている。その地域にいる民間人が抹消されても、流れ弾に当った場合とは異なる。こうした爆弾を落とす人たちは、下にいる人間をすべて殺す意図をもって爆弾投下するのだ。全員が死んだと判明しても、事故とは言えない。

それでもなお、これらの兵器がテロを目的に作られたと納得できない読者がいる場合のために、決定的論拠を取り上げよう。核兵器である。核兵器がどういうものであるか、ここで述べる必要はない。誰でも知っているに違いない。核兵器には民間人と軍事目標を区別する能力がまったくない。核兵器がテロであることは明々白々である。

たまたまレストランやバスの中にいた人すべてを爆破する代りに、核兵器は一つの市に住む住民すべてを吹き飛ばし、放射能を浴びせ、彼らの子孫を苦しめる。核兵器はテロ爆撃以外、何の利用価値もない。そう、確かに抑止力を持っているかもしれない。しかし、その抑止効果はどうやってうみ出されるのだろうか。

最近、機密リストからはずされた米戦略司令部の一九九五年方針書によれば、「抑止力は敵対者に絶滅の恐怖を持たせるべきである……」という。「米国は通常兵器から特別兵器、核兵器にいたるまで、あらゆる状況に対応できる兵器を保有しなければならない。化学兵器や生物兵器とは異なり、核爆発による究極的な破壊は即時的であり、その効果を軽減する一次的緩和剤などはほとんど無きに等しい」。

もちろんこれは正確さを欠く。今日に至るまでヒロシマとナガサキの原爆で浴びた放射能のために死んでいく人びとがいる。しかし、報告書はさらにこう言う。

「最大級の国家緊急事態あるいは極限の事態でもない限り、核兵器を使う見込みはないものの、核兵器は常に米国がかかわる危機や紛争に大きな影を落としている。したがって、核兵器の使用という脅しによる抑止力は、今後もわが国の軍事戦略のトップを占めるだろう」。

「見込みはない」というあいまいな表現は偶然ではない。戦略なのだ。たとえば日本では核の持ち込みが禁じられているが、日本にある基地に核兵器が貯蔵されているかと聞かれると、米軍は決まってこう答える。「わが国の政策として、特定の場所における核兵器の存在を確認したり否定することはしない」。日本政府はこの答えを使って、国民に対し日本には核兵器は持ちこまれていないと保証するが、米国の潜在的な敵国は核兵器が存在すると想定せざるをえない。同様に、「見込みはない」と一般市民に向かって言うのは、「心配するな。使いはしないから」と言っているのであり、潜在的な敵に対しては「使うこともありうる」と言っているのである。

さらに、核兵器を批判する人びとが、米国の核兵器は（「ならず者国家」の場合とは違い）理性的な手に握られていると確信しているのに対し、敵に伝えるべき正しいメッセージはそうではない、と戦略司令部は言う。

「わが国が容認できない行為ないし損害を明確に定義して伝えることは不可欠である一方、わが方の対応については具体的すぎることがあってはならない。米国が敵に対し何をするかについてあいまいさがもつ価値のゆえに、わが国が抑止しようとする行為が行われた場合、われわれを完全に理性的で冷静沈着な存在として表すのは有害である。

中には『制しきれなくなる』分子もいるように見えるという事実こそ、敵側で決断を下す者たちに恐れと疑念をもたせ、それをさらに強化するのに役立ちうる。この根本的な恐怖感が、実際の抑止力の働きである。米国にとって重大な利害が攻撃を受けた場合、米国は理性を失い復讐に走る可能性があることこそ、われわれがすべての敵に対して示すべき国家のありようの一部でなければならない」。

これは（キッシンジャーとニクソンが名づけたように）「マッドマン戦略」というべきものだが、その意味は米国が戦いを挑まれたら、国際法や伝統的な戦争法の制限、さらには「理性的」軍事戦略のルールさえ無視して、復讐に走り無作為の殺戮を開始すると、敵に知らせることである。要するに、これこそ言葉の厳密な意味においてテロの脅威である。

したがって、「マッドマン戦略」は大統領や閣僚の誰それに特有の何かではなく、米軍の政策なのである。だとすれば、過去二年間の米国政府の行動も説明しやすい。また、「ショック・アンド・オー（衝撃と怖れ）」作戦を取り巻く大騒ぎも説明がつくだろう。

侵攻前に報道陣に漏れたこの戦争計画なるものは、イラクに地獄の業火を雨あられと降らせるという作戦だった。その報告によれば、攻撃の初日には三〇〇から四〇〇発のミサイルを発射することになっていた。これは四〇日間続いた湾岸戦争全体で発射された量を上回る。二日目も同じ、などなどと続く。「ショック・アンド・オー」の開発を助けた国家防衛大学のハルラン・ウルマン（このテロの別名を編み出したのもおそらく彼だろう）はこう語ったと伝えられる。「これでヒロシマの複数の核兵器（ママ）と同じように、何日も何週間もかけずに数分で同時多発的効果が上げられる」。

彼がいう「何日も何週間も」の意味はわからない。原爆は数秒で爆発し焼き尽くすが、放射能の影響は今日も続いている。わが国の軍事専門家はヒロシマとナガサキで起きたことについていささか混乱しているようだ。しかし、ウルマンが何を言わんとしたかははっきりしている。「ショック・アンド・オー」の破壊力はヒロシマの原爆にまさるはずだというのである。これはどこから見てもほらであるし、国防総省の役人の「これはかつてない規模の戦略であり、かつて考えられたこともない戦略である」という発言もほらである（つまり、日本での原爆投下だけでなく、日本とドイツに対して行われた地域爆撃／焼夷弾攻撃をしのぐことになる）。

同じ役人は「バクダッドに安全な場所はどこにもなくなる」と語った。バクダッドに住む八〇〇万人の大多数が民間人であることを、この人物は知っているはずだ。

この攻撃が行われていたら、私たちの懸賞募集も時代遅れのおかしなものになっただろう。しかし、そうなる代り、広告したように、空前の恐ろしさをもつテロ爆撃「ショック・アンド・オー」はPRだった。

理由は何であれ、米軍指導者はイラク侵攻にあたって「ショック・アンド・オー」を実行に移すことを都合がいいとは考えなかった反面、自分たちには兵器があり、作戦計画があり、時機を見てそれを実施する意志があることを、世界に知らしめることに成功したのである。

二枚の写真

本論の初めにも触れたように、回答の中にはパロディーも数通あった。いくつか例をあげてみよう。

テロリズム……名詞。犠牲者やその仲間に恐怖をよびおこす暴力行為をさす主観的用語。正しくかつ名誉ある先制攻撃の裏側であり、見守る人の目にとってのみそうした攻撃と区別される。

テロリズム……米国政府による事前の認可なしに、政治的・経済的・宗教的目的のために民間人に対し暴力ないし威嚇を行うこと。
テロとは、米国と米国に依存する国々以外の誰かが、無防備の国民に対して、その国の政府に圧力をかける意図をもって武力を行使するという脅威。

最後の回答を書いた人は、さらに「実は、これは米国にとって有用なテロの定義である」と続ける、米国の支持者にとっても有用であろう。確かにこれらのパロディーも、また先に紹介した真面目きわまりない回答も、主流の論議でこの言葉がどう使われているかを表している。

では、なぜこれらは定義にならないのだろうか。現在の用法をとらえているとしても現実をとらえていないから、というのが答えだ。現在使われているこの言葉は、二重思考の言葉になっているのだ。

元来テロとは政府のひとつの行動を直接指していた。第二次大戦からその後数年の間、地域爆撃はテロ爆撃と呼ばれていた。今日ではこの側面は主流の使い方から姿を消している。国家テロ、とくに米国の国家テロが姿を消したからではない。私が本論で示そうとしたように、国家テロは消えてはいないのである。むしろ、国家テロを目に見えなくしようとする政治的動機をもつ運動の結果、この言葉は歪曲された。言語から名前をつける手段が奪われたのである。

語り口としては、この言葉を「有用な定義」にしたがって使えば、自分自身も他の人びとも欺くという積極的行為に走ることになる。現実を述べるのではなく現実の一部を隠すために言葉を用いるのである。自己欺瞞に伴う問題は、自分に対して何かを隠すときは、隠すべきものが何であるかを知り、かつ隠した後はそのことを知らないでいる必要がある。だからこそこれを二重思考と呼ぶのであり、精神にとって不健全な理由もここにある。

国家テロという概念が政治論から完全に姿を消してはいないことは注目に値する。米国の政策に反対する人々は国家テロについて語っているが、主流の論議では実際の現象につけられた呼び名というよりむしろ、矛盾語法ないし単純に偏った悪口のように聞こえる。

オーウェルの『一九八四年』では、二重思考が全体主義支配の下で成功を収めた。表現や報道が原則的に自由な状況で、二重思考がどれほど強大になりうるかを見ると驚くほかない。

取り上げる価値のある回答があと二つある。いずれも写真を使っている。一つには「単純化されたアメリカの政策」というタイトルがついて、その下に破壊された建物の写真が二点添えられている。左の写真の上には「ニューヨーク、二〇〇一年九月一一日」、下には「テロ」の文字が入っている。右の写真の上には「ジェニン、二〇〇二年四月一八日」、下には「対テロ」の文字が見られる。同じページの下に、「質問は?」と書かれている。

もう一つは崩れ落ちるニューヨーク世界貿易センターから逃げ出すアジア系女性を撮ったロバート・ストラリックの写真を使っている。写真の女性のすぐ右手には、一九七二年にピューリッツァー賞を取ったニック・ウットの写真が貼りつけられている。ベトナムでアメリカのナパーム攻撃から逃れようとする若い女性の写真だ。並んで走る二人の女性は同じようにひじをはり、顔は同じように恐怖でひきつっている。

写真の上にはフランス語で「A la recherché du temps perdu（失われた時を求めて）」と書かれている。

これらの写真は言葉では表現できないこと、つまりテロで問題なのは、それを行う人間の公式的立場ではなく、犠牲者に何をもたらすかだということをはっきり示したのである。

（加地永都子訳）

「帝国」と化したアメリカ　追従しか知らない日本

訓練と本当の戦闘

最近大阪大学に、自衛隊や海兵隊の関係者が出入りして、「派兵シミュレーション」とかの「軍学協同」をやっているということですが、それはあまり驚くような話ではなくて、アメリカの大学には、昔から軍隊が出入りしています。私が一九五八年、海兵隊に入ったのも、そうした制度によるものでした。五〇年代は、マッカーシズムが吹き荒れて、アメリカで最も民族主義的、右翼的赤狩りのひどかった時代で、その流れを受けて、私は高校三年の時に契約したわけです。四年間の大学の学費と奨学金をもらって、週に一回、軍服を着て登校しました。

この制度はカリフォルニア大学に今でもあるのですが、キャンパスに歴史学科、政治学科、社会学科、工学科などが並ぶなかに、士官学校もあるわけです。そこで私は政治学を専攻しながら、副専攻として士官学校にも通い、戦略論や戦争史を勉強して行進の仕方も習いました。夏休みには、実際に軍と一緒に研修をしました。大学四年生になって、高校生の頃よりは知恵もついたので、やめる方法はないかと思ったのですが、もうお金をもらってしまったし、やめたら返さなければいけないうえに怒られるので、いろいろと悩みました。

今でもそうなのですが、実は私は帽子に弱いんです。海兵隊の将校は、自分の制服を、お金を出して買わなくてはいけないのですが、私が注文した海兵隊の一番かっこいい帽子が配達されてきて、箱を開けてみて、もう足が崩れてしまった。絶対にこの帽子をかぶりたいと思い、海兵隊に入ってしまったわけです。まあ、それだけが理由というわけではありませんが、その帽子をずっと飾っておいて、毎日毎日眺めていた四年生の後半を覚えています。

海兵隊に入って二年間は、アメリカ国内でいろいろな訓練をしました。兵隊というのは、戦争がなければ、スポーツ好きの男（女性もそうかもしれないけれど）にとって結構楽しいものです。訓練は、厳しいスポーツ、子どものゲームの延長みたいなものなのです。それで、事実かなり楽しんだこともありました。ちょうど朝鮮戦争とベトナム戦争の間で、実際に戦争に行ったことはありません。だから、訓練の段階だけなのです。

一回だけ、私たちは危なくなりそうになりました。一九六〇年一二月三一日夜一〇時頃、私たちの船は沖縄を出港し、フィリピンのスービック湾にある米軍基地にいました。将校クラブに行って、ビールを飲んだりして楽しんでいるところでした。すると、軍警備が回ってきて「船に戻れ」と言うのです。米大統領の命令で、私たちはラオスに行くことになったのです。警備隊は、スービック湾基地の裏にあるオロンガポという街で、飲み屋やラブホテルから海兵隊員や水兵を引っ張り出して、私たちは朝一時頃に出発しました。

ラオスの近海で、一週間近くグルグル海を回っている間、私たちはラオスがどういう国かといった教育を受けながら準備をしていました。ヘリコプターの空母だったので、ヘリコプターで入る予定で、戦争状態に入る直前の状況だったわけです。

そこで、私たち海兵隊の将校は何をしていたかというと、本来なら、毎日体操をしたりラオスの地図を片手に勉強したりしなければならないはずだったのですが、実際には、船内の将校クラブに集まって、モノポリーというボードゲームをやっていたのです。つまり、完全な現実逃避です。わいわいボードゲームをやって、自分の司令官の指示を無視して、遊んでいたわけですよね。現実逃避。これから何が起こるかということに対して、私たちはしっかりした意識を全く持っていなかったのです。幸いなことに、出撃命令は取り消されました。

もし私たちがラオスに侵入していたら、アメリカのインドシナ戦争へのかかわりは、そこから始まったことになります。ベトナムではなく、ラオスからです。当時はアイゼンハワー大統領の末期で、彼は職業軍人でしたから、軍隊を送ったらまずいと判断したはずです。次のケネディが分からなかった。結局、ケネディ政権は、軍事顧問団という名で一万六〇〇〇の軍人をベトナムへ派遣し、軍事介入を決めました。

さて私は、その後しばらくして除隊し、関西に来て、別の生活、別の生き方に変えました。しかし、かつて一緒に飲んだり、遊んだり、話をしたりした友達のうちの何人かは、再契約をして、海兵隊員を続けました。彼らはベトナム戦争に行き、後で入った情報によれば、死んだ人や、地雷で足を一本失った人もかなり出ました。

兵隊をやっている振りをする、訓練だけの平時の経験と、実際に戦闘に入った場合の兵隊の経験は、全く違います。いくら厳しい訓練を受けたとしても、戦場に入るとびっくりするという話を聞きました。私は行ったことはないけれども、何人かの人が話してくれました。

アレン・ネルソンさんの名前をご存知の人がいると思います。彼の書いた本を読んだ人もいるでしょう。〔アレン・ネルソン／國弘正雄『沖縄に基地はいらない 元海兵隊員が本当の戦争を語る』（岩波ブックレット、一九九七年）。『ネルソンさん、あなたは人を殺しましたか？ ベトナム帰還兵が語る「ほんとうの戦争」』（講談社、二〇〇三年）。『アレン・ネルソンの「戦争論」』1・2（かもがわ出版、一九九七年・二〇〇三年）。〕彼は、一九六六年に海兵隊に入り、沖縄に駐留した後、ベトナムの戦地へ向かいました。もともとニューヨークの貧民街で育った黒人で、厳しい戦場体験を経て、ノイローゼ状態になってしまいました。戦地を離れてもそれは続き、平和主義者になって落ち着きました。

彼はしばしば来日し、沖縄でも講演をするわけですが、ある時私に非常に興味深いことを言いました。「初めて本当の殺し合いに参加したとき、何に一番驚いたと思いますか」と私に尋ねるのです。「分かりません」と答えると、彼は「音楽がなかった」と言うのです。面白いでしょう。彼は、「最も攻撃的で残虐な部隊」である海兵隊の厳しい訓練を受けたうえで、ベトナムに行ったのです。ところが、実際ジャングルに入って鉄砲を撃ち始めると、何かが違う。音楽がないんです。つまり、最後の最後まで「これは映画だ」とどこかで思っていたわけですね。たとえ反戦映画でも、音楽は流れます。ベトナム戦争を厳しく批判するような映画にしても、音楽は流れています。そこから、歴史的な意義と言うか、この人たちのやっていることには意味があるのだというイメージが湧いてきます。しかし、現実のジャングルには監督はいないし、この映画を見ている人もいない。音楽は流れていないし、スクリプトも台詞もない。ただ人がバンバンバンと殺しあっているだけ。その実態や状況に、アレン・ネルソンさんはとても驚いたそうです。

『すべての人が戦争について知るべきこと』

最近アメリカで、興味深い本を見つけました。二〇年近く外国特派員としてさまざまな戦争を密着取材した『ニューヨーク・タイムズ』紙の記者、クリス・ヘジェスが書いた本で、題名を直訳すると『すべての人が戦争について知るべきこと』〔Chris Hedges, *What Every Person Should Know About War*, Free Press, 2003.〕となります。

この本は、イギリスを代表する詩人、ジェフリー・チョーサーが一三九二年に書いた本からの引用で始まっているのですが、それは「『戦争、戦争、戦争』と叫びながら、戦争がどんなものかまるで分かっていない男が実に多い」というものです。そこで、まずは戦争に関する事実を知ろうというわけです。頭から「戦争はいけない」と訴えたり、主義・主張を展開したりするのではなく、実際に戦争になると何が起こるのか、事実の描写に徹し、質疑応答の形式で書かれたとても冷静な本です。

それで、この本を読んで受けた印象をいくつか述べますと、一つは、「さすがアメリカの本だな」と思ったということです。日本でこのようなタイトルの本を書こうとすると、特に私が今住んでいる沖縄で書くとなると、まず取り上げられるテーマは、空襲とはどういうことなのか、自分の町が焼け野原になることがどういうことなのか、大阪なら大阪大空襲、東京なら東京大空襲、あるいは広島、長崎、沖縄等々の悲劇だと思うのです。あるいはまた、自分の家族が殺された、食べ物がなかった、戦地から戻ってみると家がなかったり、畑を軍に取られたりしたといった被害経験ですね。

この本には、そういうことがほとんど書いていない。自分が軍隊に入り、海外に行って人を殺して帰ってくるというのは、どういう経験なのかということに焦点が当てられています。もちろん、人を殺すだけでなく、撃たれてしまうかもしれないわけですが、いずれにしても、海外まで戦争をしに行くとはどういうことなのか、ということなのです。つまり、加害者側の反戦の本なんです。反戦なのだけれど、歴史体験が正反対で、加害者の側に立った人間の経験に根ざしているわけです。

特に今日本では、イラクの「復興支援」とか、自衛隊の派兵に賛成するものの考え方がはやっていますね。ということは、海外で戦争をしてくる、加害者の側に立つだろうという暗黙のイメージがあるのだと思います。ヘジェスの本を読むと、加害者側に立ったとしても、軍隊の経験は辛いのだということがよく分かります。

日本人が持つ戦争のイメージは、兵隊が海外に行って死んでしまう、殺されるというものですね。戦争するということは、死んでくる、殺されてくるということなわけです。もちろん、死んでしまう兵隊もいますけれど、私は三年間の海兵隊の訓練で、死ぬ訓練を受けた覚えはありません。どうやって死ぬかということは、誰も教えてくれません。死に方のマニュアルはありません。そういう訓練はしないんです。

あくまで訓練とは、殺す訓練です。兵士の仕事は、殺すことです。アレン・ネルソンさんも、「行くぞ。行くぞ。最後まで、海兵隊。ウォー、K・I・L・L、キル、ウォー」と走りながら叫んで、人を殺す心の準備をした経験を書いています。自衛隊にしても、兵隊は人を殺すことを専門にしているわけで、同じような訓練を受けているはずです。ところで、ヘジェスの本によると（彼の統計数値は、米軍のデータに依拠してるのですが）、生まれながらの殺人者と言えるのはたったの二パーセントで、九八パーセントの人は、軍隊に入ったら、殺人を犯すことへの抵抗感を克服しなければならない。訓練の目的とは、なかなか人を殺すことができないその壁を壊すことにあります。人を殺せない人間から、殺せる人間へと生まれ変わらせるのです。

第二次世界大戦が終わって、米軍は、自分の軍隊を調査しました。前線に赴いた兵士たちに、「前線で、敵に向かって本当に発砲しましたか」と聞いたのです。すると、六〇パーセントぐらいは撃ってない、撃てないと答えたのです。結局、実際に戦争をしたのは、残りの四〇パーセントだけということですね。撃てない、人を殺せない。しかしこれは、米軍にとっては大問題です。せっかく給料を払い、制服も食事も与えているのに、仕事をしていないのですから。

そこで米軍は、訓練の仕方を変えました。実は、私の時代まではあまり変らなかったのですが。

私の時代には、鉄砲の訓練は、丸い的を立てて、ゆっくりその真んなかに当たるように撃つというものでした。何点とれるかというゲーム仕立てで、だから意識的にゆっくり狙ってパーンと撃ったわけです。しかし、それはどうも逆効果かもしれない。ゆっくり相手の顔や体を見ながら撃つというのは、なかなかやりにくい。そこで、やり方を変えました。的を人間の体の形にし、バネをつけて、たくさん置いたのです。兵隊が鉄砲を持って歩いていると、バネのついた標的が突然パーンと上がる。それをすぐさま、バババババッと、別に狙うのではなく、何も考えずに条件反射的に撃つ。このやり方にして、ベトナム戦争では、能率が非常に上がったそうです。九〇パーセント以上が、敵に向かって撃ったそうです。

しかし、訓練の「成果」はそこまでで、ヘジェスの本に書いてあるとおり、人の命を奪う経験した人間の精神が深く蝕まれることに対しては、どうしようもないのです。いったい、初めて人を殺した時、どんな気持ちがするでしょうか。答えは、あなたが普通の人なら、撃った瞬間とても興奮するかもしれない。なぜかというと、体が生理的な反応をして、危機感に対して興奮剤みたいなものを出すから、麻薬を打ったように、ワーッと興奮するかもしれない。そして、それが切れると別の反応が始まる。武器を捨てて泣き出すとか、「許して、許して」と叫ぶとか、自分が撃った遺体を見て嘔吐するとか、足元が崩れて歩けなくなるとか、人それぞれにそういう反応が非常によく起こります。

もっとも、そういう反応は最初だけで、何度も人を殺していると、薄れていくようです。普通の人は、初めて実際に人を殺した時、いくら厳しい海兵隊の訓練を受けていたとしても、その準備はできていない。現実に人を殺すと、吐くとか、震えるとか、泣くとか、倒れるとか、非常に厳しい反応が出る。一人の人間を撃った時でさえそうなのですから、激しい撃ち合いといったとても恐ろしい体験をした場合、その後の反応ももっと激しいものになるわけです。目が見えなくなるとか、耳が聞こえなくなるとか、声が出なくなるとか、これは、比喩的な意味ではない文字どおりのヒステリー、精神病的なヒステリーの症状がしばしば見られます。それが続くと、戦争ができなくなる人が増えることになります。

第二次世界大戦に関する米軍の統計によれば、精神的な反応による被害者の数は、殺される人の数を上回りました。それから、これは有名な統計ですが、ベトナム戦争で殺された米兵の数よりも、戦争が終わって帰国し、その後自殺した米兵の数の方が多かったのです。また、ヘジェスによれば、もしある軍団が二ヵ月間、ずっと撃ち合いが行われる最前線にいた場合、実に九八パーセントの人が、精神的なストレスで戦闘を続けられなくなってしまうそうです。要するに、九八パーセントが狂って戦争ができなくなってしまうのです。残りの二パーセントはなぜ平気かというと、既に狂っている人、既にノイローゼの人なのです。軍隊に入って戦争に行かなかったら、連続殺人でも起こしそうな、ちょっと意識の異常な人、そういう人が軍隊では一番能率が良くて、勲章をもらえるんです。相手側に死傷者を出すのは、こちら側の五パーセントの兵隊だそうです。要するに、五パーセントが実に効率的な殺し屋なわけです。いずれにしても、軍隊の訓練を受けることと、実際に戦争をするということとは、全くの別物なのです。

日本の自衛隊にしても、やはりそのことが分かっていないと思います。一九五二年に自衛隊ができて半世紀余り、国の交戦権により一人の人間も殺さなかったのは、とにもかくにも日本国憲法がまだ生きているということです。その反面自衛官は、自分の仕事がいったい何なのか分かっていないし、経験していないんです。自分がもし海外で本当の殺し合いに参加することになれば、当然びっくりするでしょう。

最近は、アフリカなどで少年兵・少女兵の存在が問題になっています。ここでもやはり、同じ問題にぶち当たります。子どもたちは、とても人間を殺せない。そこで、まず小さい動物を殺させるわけです。ネズミを殺せ。ウサギを殺せ。だんだん大きな動物を殺すのに慣れて、最後は人間を殺せるようになる。このやり方は賢いかもしれないですね。とにかく何か特別なことをしないと、普通の人はなかなか人を殺せません。そういう壁があるのです。

プラトンの『国家』――西洋政治思想の源流

ここでテーマを変えて、日本政府がイラクに自衛隊を送る問題について考えてみたいと思います。そこで根本的に重要なのは、イラク戦争とは何なのかということです。これは、アメリカが作った戦争です。日本が作った戦争ではありません。日本の自衛隊派兵は、言うまでもなく日米安保条約の影響です。

私の本来の専門は、西洋政治思想史です。ずっと大学で、プラトン、アリストテレス、マキャベリ、アウグスチヌス、ホッブス、ルソー等々を教えてきたわけです。西洋政治思想の出発点は、プラトンの『国家』です。西洋哲学とはすべて、プラトンの問題提起にどう答えるかという作業だという見方すらあります。

ご存知のように、プラトンの『国家』は、対話のような、芝居のような形式になっています。ソクラテスという主人公が、周りの人々に質問をします。『国家』の最初のところで、ソクラテスが老人ケパロスに、〈正しさ〉〈正義〉の定義について質問します。ケパロスが、誰かに嘘を言ったりしないこと、借りたものを返すことだと答えた。ソクラテスは、例によって難しい問いを発します。「この場合はどうでしょう。友人から武器を預かったとする。その時は正気だったその友人が、あとで気が狂ってしまう(精神病です。「精神病」という言葉はギリシャ語になかったのですが、「マニア」という単語を使っています)。そしてその友人が、狂ってから武器を返してくれと言ってきたとする。このような場合、武器を返す人も、その友人に、預かったものを返すというのは、〈正しさ〉〈正義〉の定義として通用しますか」と。ケパロスは、息子のポレマルコスが口を挟んだのをいいことに、その場を立ち去ってしまいます。

この不思議な話が、西洋政治思想の出発点です。後段を読み進めていくと、意味がだんだん見えてくるのですが、武器とは国家権力、軍事力を指します。そして、「マニア」は、権力を持ち過ぎたことによって起こる病気を指しています。『国家』の最後に近い辺りで、法と秩序から最も遠く隔たっているものが、道理から最も遠く隔たっており、それは独裁者だと書いてあります。人は権力を持ち過ぎると何でもできると錯覚する。他人はルールに従っても、自分は従わなくてよろしい。何でも勝手にやって構わない。だが、何の秩序もなくなると、自分の心のなかにも秩序がなくなり、気が狂ってしまう。ずっと独裁者でいると、頭がおかしくなってしまう。そういう「マニア」に国家権力、軍事力を持たせるべきか。そういう話なんです。

別の国になったアメリカ

今の話が間接的に何に関係しているか、おそらく皆さんお分かりになったと思いますが、要するに日米安保条約のことです。日本政府とアメリカ政府が安保条約を結んだ時、アメリカ政府は、一定の外交政策原理を持っていました。当時から私は、朝鮮戦争やベトナム戦争を引き起こしたその外交原理に批判的でした。しかし、ともかく一応の原理が形として存在したわけです。それは、先制攻撃はしないということです。

冷戦の時代だったから、敵がいたわけですよね。containment policy、つまり封じ込め政策が行われました。それは、敵に対して攻撃はしないが、敵の勢力拡大は許せないというやり方です。先制攻撃はしないけれども、軍事力で戦争を抑止する。この「抑止力と封じ込め」という戦略で、冷戦時代のアメリカは一貫しており、トルーマン大統領からクリントン大統領まで基本的にこの線できたわけです。日米安保条約とは、日本が、そのような政策を持っていたアメリカと結んだ条約です。日米安保条約を支持した日本人は、そうしたアメリカの政策を支持したわけです。

ところが、現在のブッシュ政権になって、アメリカは、それまでの政策を一変させました。アメリカは、あの頃とは全く別の国になりました。それによって、日米安保条約は、全く別の意味を持つようになりました。ブッシュ政権になって、特に「九・一一」以後、アメリカ政府は、自分たちに三つの権利があると言い出したのです。第一は、先制攻撃を行う権利。次に、外国の政権を交代させる権利。第三に、一度もアメリカに入ったことのない外国人を逮捕・監禁し裁く権利。この三つの新しい権利がアメリカにあると言っているだけでなく、事実それに基づいて行動しているわけです。

この三つの権利について、もう少し詳しく話したいと思います。先制攻撃とは侵略戦争です。国連憲章には、「戦争」という文言はなく、侵略、つまり先制攻撃は禁止されています。

しかも、第二次世界大戦後、戦争の開始や戦争の方法の規制に対する重大な違反を裁いたドイツのニュルンベルク裁判を経て、国連はニュルンベルク原則というものを確立しました。つまり、平和に対する罪、戦争犯罪、人道に対する罪の三つを、国際法上の犯罪として処罰されるものとしたのです。

平和に対する罪とは、戦争を起こすこと、侵略することです。ニュルンベルク裁判と東京裁判では、この罪名で、多くの有罪判決が出て、死刑が執行されました。ところが今度、アメリカ政府は、「侵略」ではなく「先制攻撃」と名前を変えて、アメリカ合衆国ならやってよいと言い出したのです。これは、戦後の国際法の根本原理を覆したことになります。しかも、アメリカはそれを言っただけでなく、実際に二回強行しました。つまり、アフガニスタンとイラクという、アメリカと戦争をする意志も能力も準備もない国に対して、先制攻撃をしたのです。これは侵略戦争です。しかも、他の国にも同様の権利があるとはもちろん言わない。アメリカだけ、あるいはせいぜいアメリカの同盟国だけです。国連にだって、そういう権利はありません。

二番目は政権交代です。政権交代の強制は、昔は「内政干渉」と呼ばれ、禁止されていたのですが、アメリカは今やこれも構わないと言っているのです。そして実際に二回、自分たちの気に入らないアフガニスタンとイラクの政権を交代させました。

三番目は逮捕です。昔のアメリカの西部劇に、こんな場面がよく出てきます。列車強盗をした一団が、馬に乗って南へ逃げる。それを保安官が追いかける。強盗団は逃げて逃げて、メキシコの国境を越えてしまう。フェンスがないから、メキシコに入るのは簡単です。ところが保安官は、国境の手前で止まり、「逃げられた」と頭を抱える。保安官は、メキシコに入って犯罪者を逮捕することはできません。アメリカの刑法は、メキシコには適用されないからです。だから、保安官は、メキシコで「自分は保安官だ」と言っても通用しない。逆に、逮捕されてしまうかもしれない。つまり、メキシコでは、彼が行使する暴力に正当性がないわけです。そこで、強盗団の連中を引き渡して欲しいと、メキシコ政府と面倒な交渉を始めなければならない。これが、主権国家制度の根本原理です。

それぞれの国にそれぞれの刑法があって、ある国の刑法は、その国内にはあてはまるけれど、国外には使えない。外国人は、入国した国の法を守らなければいけませんが、イラク人がイラクにいる時に、アメリカの刑法を守る義務などありません。

ところが、ご存知のように、アメリカはアフガニスタンを侵略して、数百人もの外国人（アフガニスタン人だけでなく、パキスタンやサウジの出身者もいましたが）を逮捕し、キューバにある米軍基地に監禁しました。これが現在まで続いているのですが、多くの人は、今回の監禁が報道されるまで、アメリカ合衆国がキューバに軍事基地を持っているということを知らなかったでしょうね。

一八九八年にアメリカはスペインと戦争しましたが、その時キューバはスペインの植民地でした。キューバ人の反スペイン独立運動を背景として、キューバの砂糖・タバコ産業に多額の投資を行っていたアメリカでは干渉論が高まり、メーン号爆沈事件を機に、スペインを懲らしめろという世論が沸騰しました。そして、この戦争に勝って、スペインからキューバ、プエルト・リコ、フィリピンとグアムを奪ったのです。これは明らかに帝国主義的な拡張戦争です。

フィリピンは、第二次世界大戦後の一九四六年、アメリカの植民地支配から独立しました。プエルト・リコは今でも植民地です。法的には、米国との関係が「自由に連合した自治」とされているところから、「自治領」（Commonwealth）と呼ばれているものの、アメリカの支配下にあることに変わりありません。プエルト・リコの住民には、米国市民権はありますが、大統領選挙や上下両院議員選挙での選挙権はありません。さらにキューバの場合は、米西戦争の講和条約で、スペインの支配から離れることと、独立するまでアメリカの軍事占領下に置かれることが定められました。一九〇二年にキューバは独立したのですが、アメリカがキューバへの干渉権や海軍基地提供の義務を明記した憲法条項を押しつけたため、実質的には半植民地の状態にとどまったのです。翌年アメリカはキューバの傀儡政権と条約を結び、キューバのグアンタナモに海軍基地を永続的に持てるように認めさせたのです。一九五九年、カストロがキューバ革命に成功し、翌々年には社会主義革命を宣言しましたが、アメリカに支援された反革命軍は撃退できても、国土から米軍を追い出すほどの軍事力を持っていなかったため、そのまま現在に至っているわけです。

そこで、グアンタナモでの監禁ですが、普通、戦争では捕虜の権利が認められています。第二次世界大戦の経験を踏まえ、一九四九年にジュネーヴ条約が結ばれ、捕虜の待遇について細かな規定が定められました。抑留国は、捕虜に人道的な待遇を与えなければいけない。健康に危害を与える行為、暴行、脅迫、侮辱などは、明確に禁止されています。そして、一番重要なのは、戦争犯罪を犯した場合を除いて、捕虜を裁いてはいけないということです。戦争で人を殺したというだけでは、罪を問えないからです。このように、抑留国は捕虜を大切に保護して、敵対行為が終わった後、直ちに解放・送還しなければならないのです。

第二次世界大戦後の戦犯裁判で、通常の戦争犯罪と人道に対する罪を訴追するいわゆるBC級戦犯裁判が行われましたが、そこで訴因となった主な罪科は、捕虜や一般人に対する殺害・虐待・虐待致死でした。ともかく捕虜は、いじめてはいけないのです。でもアメリカは、どうもいじめたいから「彼らは捕虜ではない」と言い張っている。つまり、監禁されている人々に、捕虜の権利を与えたくないわけですね。そして、裁き処罰しても構わないと言っているわけです。

そこで、捕虜でなければ、彼らはいったい何なのかという問題が生じます。通常の犯罪容疑者でしょうか。もしそうなら、アメリカ合衆国の憲法や刑法、それから判例の蓄積から、犯罪容疑者の権利も、非常に細かく保障されているわけです。弁護士と会ったり、陪審裁判を受けたりする権利です。ところが「九・一一」後の二〇〇一年一一月一三日、ブッシュ大統領は、外国人のテロ容疑者を通常の刑事裁判ではなく、軍事裁判で裁くことを可能にする大統領令に署名しました。そんなものをつくってよいとは、アメリカ憲法のどこにも書いていません。議会での議論もありませんでした。法的根拠の説明もなしに、三軍の「最高司令官」である大統領が文書にサインしておしまいです。

それにより、犯罪容疑者、被告に対して普通認められている権利は極度に制限され、当局は説明責任をせずに済みました。テロ容疑者は、弁護士もつけてもらえず、陪審制でない非公開の軍事法廷で裁かれることになりました。そして、もし自分に不利な証言をされたとしても、テロ容疑者の証拠を持っているのはスパイだからと、誰によるどんな証言か教えてもらえない。検事側の他の証拠にしても、場合によっては国家機密だからと、弁護団にも本人にも見せる必要がない。このように、この大統領令は、根本的な部分で人権に抵触していると言えます。

ちょっと脱線してしまいますが、基本的人権とは、いつ、どういう理由で、どういう手続きで処罰してよいのかということに関する権利だと思います。たとえば、絶対王政時代のヨーロッパでは、専制君主が、あいつは歌が下手だから殺せとか、冗談が面白くないから殺せとか、あのメッセンジャーは自分が読みたくない手紙を持ってきたから殺せと命令した話がいろいろありました。そういうのは嫌ですから、処罰する時には、何の犯罪なのか、どういう手続きでするのかなどを明示すべきだという闘いの中から、人権保障の基礎が築かれていったのだと思います。

たとえば、日本国憲法の人権条項を見ると、言論の自由があります。つまりそれは、何かを喋っただけで処罰してはいけないということです。結社の自由にしても、何か組織をつくっただけで、その人たちを処罰してはいけないということですね。やはり、自由の裏には、逮捕・処罰の問題があるわけですね。そこで（繰り返しになりますが）、基本的人権の最も基本にあるのは、国家権力がある人を逮捕した際、なぜ逮捕したのかをその人に言わなければいけないという点です。いつ、どこで、どんなことをして、それがどんな法律に違反しているのかを言わなければいけない。それを受けて、弁護も可能になるわけです。

グアンタナモの場合、米軍側からの正式な情報がまるで入ってきません。おそらく、拘束している側も、事態が分かっていないのではないかと思います。ある新聞報道によれば、あれほど多くの人が逮捕・監禁されたのは、アフガニスタンの北部同盟やパキスタン軍が、報奨金目当てに米軍に売ったからだそうです。おそらく、逮捕の経緯を記したまともな書類もないでしょう。まるでフランツ・カフカの小説『審判』の世界で、ある日突然、特別な理由もなしに逮捕され、やがて裁判にかけられるのですが、まるで事情が分からない。弁護してみろと言われても、「自分は善良な人間です」くらいしか言えない。『審判』では、主人公は、何もかも分からないまま、最後には殺されてしまうのですが。

さらに悪いことに、アフガニスタンで捕まった人はテロリストとされ、グアンタナモに収容された囚人に対する特別軍事法廷は、全然開かれていません。まともな裁判手続きもないまま彼らを長期間拘束していることに、アムネスティや赤十字国際委員会を初め、各国の世論も厳しい批判をしています。

人身保護は、自由権を構成する基本的人権の一つです。イギリスでは、君主大権の濫用に対し人身の自由を保護するために、一六七九年に人身保護法が定められました。つまり、人が逮捕され監禁された場合、その弁護士は裁判所に訴え、人身保護令をだしてもらいます。人身保護令とは、その人を監禁している機関に対して、その監禁理由、どのような行為がどの法律を破ったのか、その行為を本当に行ったというどのような証拠があるのか、を見せろ、という命令です。見せられない場合、その機関はその人を釈放しなければいけません。ある人権弁護士が、グアンタナモの囚人のために、アメリカの人身保護法に基づき「違法な拘束を受けた」として、アメリカの法廷で訴訟を起こそうとしたのですが、裁判所から断られました。理由は、囚人たちがキューバにいるからです。グアンタナモがいくら米軍基地でも、キューバ領内にあるので、アメリカの裁判所の管轄権は及ばないし、アメリカ国内で訴訟もできないというわけです。

この報道に接して、どうしてアフガニスタンで捕まった人を収容するのにキューバの米軍基地が選ばれたのか、やっと分かりました。要するに、どの国の法も届かない場所なのです。もちろんキューバの法律も適用されないし、捕虜の資格もないので、国際法も届かない。囚人は法のない世界に置かれているのです。

別のニュースでは、アメリカは、グアンタナモ米軍基地以外に、軍艦の中での監禁も考えたそうです。そうすると、逮捕した人を米軍艦のなかに置き、海上をグルグル移動しながら、法の届かないところで軍事裁判をやる。やっても、誰も近づけないし、被告を処分するのも簡単です。実際に軍艦に囚人が監禁されているのかどうかは分かりませんが、時々新聞に「グアンタナモ米軍基地などに監禁」と書いてあるけれど、その「など」はどこを指すのでしょうか。軍艦かもしれないし、別の基地かもしれないが、ともかくそういう無法状況がずっと続いているわけです。

「帝国」としてのアメリカ

というわけで、積極的な先制攻撃と、強制的な政権交代と、外国人の逮捕・処罰（それも裁判なし、証拠なしの処罰）という三つを合わせて考えると、アメリカ政府が何をしようとしているかよく見えてくると思います。その三つはいずれも、海外への政治的統治を求めることになります。大学一年生が「政治学概論」を二週間続けて聴講すれば分かることですが、政府Aが地域Bに警察でも軍隊でも送ることができ、どの政権を置くかも決められ、そこにいる人たちを逮捕・連行する権利もあるのであれば、政府Aは地域Bの政府ですね。本来、政府の権限は国境の向こうには及ばないというのが常識だったはずですが、今それが根底から覆されようとしているわけです。

ベトナム戦争反対運動の頃、私も含めて多くの人が「アメリカ帝国主義打倒」とかシュプレヒコールを挙げたりして、「アメリカ帝国主義」という言葉を使いました。この時代の「帝国主義」という語法は、ある程度比喩的、メタファーだったわけです。昔のイギリス帝国とまるで同じではないにしても、似たようなことを今度は経済力でやろうとしているのではないかという意味で使っていました。

今、ブッシュ政権のアメリカを「帝国主義」と呼ぶのは間違っています。「主義」ではなく、

「帝国」そのものなのです。比喩的な海外統治ではなくて、本当に露骨な政治的統治を求めているのです。もちろん、アメリカがそのまま世界政府になったわけではありませんが、しかしそのようなことを追求しているように見えます。そしてそれが、かなり実現されているわけです。

かつて、アメリカ政府を批判する人が「帝国主義」という言葉を使うと、アメリカ政府の要人や政治家、あるいは政府寄りの新聞記者・学者・物書きはそれを必ず否定しました。アメリカは「帝国」でも「帝国主義」でもありません。世界中の主権国家の一つであって、他国の国家主権も尊重すれば、国際法も国連も尊重していますと反論したわけです。

しかし、それが確実に変わった。最初は、何人かの政府寄りの学者が、専門の雑誌に、アメリカはやはり帝国になったと書き始めました。ただしそれは批判的な意味ではなく、肯定的にアメリカは「帝国」としての責任を持たなければいけないとか、「帝国」の管理をきちんと考えないといけないと論じたのです。そうした論調がだんだん増えてきて、今では民主党の大統領候補者のなかでも、「帝国」という言葉を肯定的に使う人が出てきた。教育の場面でも、アメリカが「帝国」だということを国民が認めるような世論づくりが行われています。

ところが、当然なことに、「帝国」は、現在ある国際法の枠内では存在できない。なぜなら、今日の国際関係は、近代国際法の主権平等の原則から、他国の領域内では公権力の行使を差し控えるのを相互に承認したうえで成り立っているからです。国際連合も、この主権平等の原則に立脚しています。

ということは、アメリカ合衆国は、単に国際法を破っているとか、守らないとかではなく、破壊しているわけです。ご存知のように、特に国際法は、昔からの慣習法や文章化された国際条約など、先例の積み重ねです。世界一強大なアメリカがこれこれのことをやって、誰からも処罰されない、どこからも断罪されない。それもまた、先例になるのです。だから、アメリカは、国際法の新しい枠組をつくっているということになります。前にやって許されたことは、今度またやってもよいわけです。それだけ重大な変化が、今起こっているのです。

「平和」の倒錯

ブッシュ政権の人々は、「アメリカの平和」、Pax Americana とよく言います。わざとラテン語を使うのは、Pax Romana を連想させるからです。「ローマの平和」、つまり武力を背景としたローマ帝国による支配を肯定的に受け止め、そうした「帝国」の建設が目指されているのです。軍事力を使った弾圧によって、本物の平和ではなくとも、相手が到底戦えない、一見平和なような状況をつくろうというわけです。

このローマ帝国と戦ったブリタニア人の指導者カルガクスは、人々を前に、「もう東方の世界も、西方の世界も、ローマ人を満足させることが出来ないのだ。全人類の中で、やつらだけが、世界の財貨を求めると同じ熱情でもって、世界の窮乏を欲している。彼らは破壊と、殺戮と、略奪を、偽って『支配』と呼び、荒涼たる世界を作りあげた時、それをごまかして『平和』と名づける」と呼びかけたそうです。ローマの歴史家、タキトゥスの最初の作品『アグリコラ』に記されたこの言葉は、ローマ帝国の本質を鋭く衝いていると思います。

カルガクスは、「ローマ人の傲岸不遜から逃げようとして、いくら忍従し下手に振る舞っても、無駄であろう」とも言っていますが、これを現在の日本政府に置き換えて考えてみた場合、バリバリの民族主義者が、どうして別の国である「帝国」を命がけでつくろうとするのか、実に不思議です。冷静に、現実主義的に日本の「国益」を考えるなら、なぜ、アメリカという「帝国」に奉仕するのか。それは、最終的にはアメリカの「国益」にもならないと思います。テロリズムに対する戦争は、多分失敗に終わるからです。どの勢力も敗北を喫し、どこの「国益」にもならないような戦争には、かかわらない方が賢いと思います。

想像力の乏しさ

これほど危機的な状況にありながら、なぜ激しい議論が起こらないのかという謎がありますね。現実逃避というのも、その一因でしょう。たとえば、ある政治家が何か小さな犯罪を犯すと、マスコミも有権者も簡単に怒ります。ある野党の議員が、一九〇〇万円くらいの秘書給与を流用したことに対する憤慨がやけに大きいように見えるのは、その程度の犯罪なら、自分でもやれると想像できるからでしょう。ところが、国家的指導者が、嘘を並べて戦争を始めるとか、国際法の秩序を破壊しようとするといった歴史的な大犯罪を犯した場合、意外にさほど怒りません。私たちの想像力がそこまでついていかないのです。「そんな大それたことなどできるはずがない」と思い込もうとする。

実際、開戦当初から疑われていたイラク戦争の正当性は、この間完全に破綻しているわけです。新聞には毎日のように、ブッシュが嘘をついていたと書かれています。イラクに大量破壊兵器は存在せず、アルカイダとサダム・フセインは無関係だと知りながら、侵略戦争を始めて、何万人もの人の命を奪っている。ところが、多くの人は、それを真正面から捉えようとせず、チャンネル・チェンジをしてスポーツを見たりしてしまうわけです。小さな犯罪なら怒るのに、大きな犯罪にはあまり怒らないというのは、まさに想像力の問題です。

ネオコンの危険な政策構想

ブッシュとその取り巻きは、アメリカの政策をすっかり変えたわけですが、これは、政権成立以前から構想されていました。特に注目されるのが、「新しいアメリカの世紀のためのプロジェクト」（ＰＮＡＣ）というシンクタンクが提案したプログラムです。ＰＮＡＣには、武力の行使や武力による威嚇を通じてアメリカの世界覇権を達成しようと主張したネオコンが集まっています。一九九七年のこのシンクタンクの設立趣意書には、現在のディック・チェイニー副大統領やドナルド・ラムズフェルド国防長官、ポール・ウォルフォウィッツ国防副長官らが名を連ねています。

ＰＮＡＣの特に重要な文書は、「アメリカ防衛の再建」（Rebuilding America's Defenses）という報告書です。これは、二〇〇〇年九月、ということはブッシュ政権が誕生する前につくられました。そこには、ソ連が崩壊して、冷戦が終わったからと、アメリカは軍事費を減らすべきではない。政治的・軍事的・経済的にアメリカに対抗できるような国家も勢力も同盟もないのだから、軍事費を増額し、海外の米軍基地を増やして、アメリカの利益に合うような世界を積極的につくるチャンスだ。特に東南アジアの米軍基地は足りないし、中東にも米軍の永久的なプレゼンスが必要だ。今（二〇〇〇年現在）サダム・フセイン政権が米軍を中東に置く口実になるが、将来この政権があってもなくても米軍を置きつづけるべきだ、と実にフランクに書かれてあります。

湾岸戦争やコソヴォ戦争の頃、これからは、ゲームのような、ミサイルと飛行機の戦争に変わっていくだろうと多くの人が思いました。この報告書によるとそれは間違いでした。アメリカの目的は政権交代ですが、これは空からでは不可能です。やはり陸軍や海兵隊が、敵を追い出し入域しないとできません。だから、これからの戦争は陸軍・海兵隊中心に戻る。また、直接外国を統治するために、治安部隊の訓練も必要になります。

朝鮮半島についても、怖いことが書いてあります。仮に朝鮮半島が統一されたとしても、米軍は撤退しない。一つは、中国の「脅威」に対抗する。もう一つは、米軍が北朝鮮に入って、警備の保安隊のような任務を負う。つまり、朝鮮半島の統一、イコール米軍の北朝鮮侵略という計画が当たり前のように語られているのです。

それから、最後の部分に、軍の改革や戦略の改革について、われわれはいろいろ提案したけれど、これは簡単にはできない。政府・議会への説得は、何年もかかる。そういうキャンペーンを続けても、実現できるのはやっと遠い将来の話であろうが、万が一真珠湾攻撃のような刺激的な事件があれば、すぐに可能かもしれない、と書いてある。「九・一一」の攻撃を見事に予測したわけです。事態があまりに都合よく進んだので、アメリカには、「九・一一」が、権力が関与した陰謀だという説があります。あるいは、関与はしていなくとも、真珠湾攻撃と同じように、来ると分かっていて止めようとしなかった、という説もあります。私自身は陰謀説に説得されてはいませんが、それが成り立つくらい好都合な攻撃だったとは思います。私はほとんどテレビを見ませんが、当時テレビで、ブッシュも取り巻きたちも、懸命に悲しげな顔をつくろうとしていたけれど、目が生き生きと輝いていたのを見ました。

ともかく「九・一一」のテロ事件とイラク侵略とは、何の関係もありません。ただ、侵略したいという欲求、政権を交代させて、イラクの地域と石油をわがものにしたいという青写真はあったわけです。「九・一一」にアメリカ国民が強いショックを受け、悲しみや怒りから、仕返しをしたいという感情が湧くのはわりあい自然ですが、政府はその感情を自分たちの計画に利用したのです。

アフガニスタンの侵略が終わってからやっぱり北朝鮮とか、ホワイトハウスでは、次はどこを標的にしようかという議論があったと、新聞が報じています。シリアにしようとか、イランがいいとか、リビアはどうかとか、いろいろな意見がブッシュの周りにあったようですが、結局イラクが選ばれた。イラクを攻撃しようとまず決めてから、大量破壊兵器の存在だとかアルカイダとの関係だとか、真っ赤な嘘も含めて、侵略する理由を考え始めたわけです。

核兵器のさらなる拡散の恐れ

アメリカでは、特に「九・一一」以後、「テロリスト」と言ったら、人々の顔色が変わる。日本では「北朝鮮」と言ったら、顔色が変わる。理性が消えて、非常に感情的になります。「北朝鮮は何をやり出すか分からない国だ」という評判が支配的ですね。もちろん、北朝鮮政府には多くの問題があって、美化するつもりはありませんが、結構理性的な外交政策をやっていると思います。だからこそ、一九九八年に韓国大統領に就任した金大中氏が進めた「太陽政策」(盧武鉉政権もこれを引き継いでいますが)が、一時期うまく行っていた。少しずつ南北交流が広がって、期待が膨らみました。

ところが、北朝鮮が突然何かしでかしたのではなく、アメリカのブッシュ大統領が、二〇〇二年一月の一般教書演説で、北朝鮮をイラン、イラクとともに「悪の枢軸」だと非難したのです。北朝鮮から見れば、世界最大の軍事力を持っている国が、自分たちを「悪」とみなして、先制攻撃をするかもしれないと報じられている。いつ侵略されるか分からない状況で、「自分たちは核を持っている」と、核の抑止力に頼ろうとするのは、決して好ましくはありませんが、今日の外交では普通に行われています。日本だって、核の傘の下に入って、同じ論理を使っている。フランスも、イギリスも、インドも、パキスタンも、同じです。それに対して、北朝鮮は「使う」と言ったのではなく、「持っている」と言っただけです。そうすると、アメリカ政府は、先制攻撃の話を引っ込めて、交渉する姿勢を見せている。

しかし、注目しなければならないのは、もしアメリカが世界中の核兵器を減らすのを目標としているのであれば、自分たちの行動が、逆の結果をもたらしているということです。世界の小国は、大量破壊兵器を持っていなかったイラクの敗北から学習して、やはり核兵器を持った方が、国家の安全に役立つと考えていると思います。

優勢な軍事力と技術力で、二一世紀におけるアメリカの世界覇権を確立する。世界規模の、あるいは地域的な競争力を持つ大国の出現は阻止する。そして、アメリカの利益と安定への「脅威」とみなされるものには、先制攻撃を発動する。このネオコンたちの計画と行動は、明らかに、アメリカだけでなく世界全体を恐ろしい方向に導こうとしているわけです。

質問と応答

＊「報復戦争」の不当性

イラク戦争はともかく、「九・一一」をきっかけとした対アフガニスタン戦争には納得できる部分もあるのではないかという質問ですが、まず私は、九月一一日に世界が変わったのではなく、九月一二日だと思うのです。日付が間違っています。テロ攻撃は今までにもありましたが、テロに対して戦争するのは初めてです。たしかにテロの規模としては、「九・一一」は最大ですが、テロ一九九五年四月には、アメリカ中西部のオクラホマ市で、連邦政府の役所が入っているビルが爆破され、一六〇人以上亡くなり、何百人も負傷しました。でも、それで連邦政府が、テキサス州に対し戦争したわけではありません。皮肉はともかく、テロに対して、能率が悪く面倒でも、犯罪として扱ったということです。警察が捜査して、犯人が見つからないかもしれないし、見つかっても物証がないかもしれない。また、裁判で無罪になってしまい、イライラさせられるかもしれない。復讐したという満足感があまり得られない。

それでも、大きな利点が一つあって、それは、警察権を行使している間、法の精神、法の構造が崩れないことです。崩れないどころか強くなる。法を守ると宣言し続ければ、法の生命が強くなるのです。

「九・一一」のつぎの日、九月十二日、ブッシュ大統領は、すぐにテロに対して戦争すると言いました。それは、能率がよいように見える。早く動け、瞬く間に敵をたくさん殺せる。証拠や裁判なしに、容疑者段階で殺せる。このように能率がよいように思えるのだけれど、法が破壊されてしまう。これは、最終的には非常に能率が悪いことになるのです。

アフガニスタン戦争で、象徴的なことが毎日のように報道されていました。それは、今日米軍は何人のテロ容疑者を殺したということです。容疑者を殺している。犯罪の場合、容疑者の段階で殺してはいけないのです。有罪判決が出ない限り、処罰してはならないのです。通常の戦争の場合、相手が軍服を着ているか、あるいは軍事行動をしているのであれば、殺すことは許されます。ところが、テロに対する戦争となると、あいつはテロリストらしいという理由で殺しても構わないということになってしまいます。

新聞に、アフガニスタンで、アメリカのＣＩＡがテロリストらしい人物を見つけて、ミサイルで殺したと書いてありました。その記事で、ＣＩＡがミサイルを積んでいるロボット飛行機を持っているのを初めて知りました。なぜテロリストだと思ったのかというと、男たちが立ち話をしていて、真んなかに背の高い人がいる。アルカイダ本部の人たちは背の高い人が多く、特にオサマ・ビンラディンは背が高い。周りの人々は、背の高い人を尊敬しているような身振りだ。そこで、パイロットが乗っていない飛行機からミサイルを発射して、全員殺した。ところが、後で調べると、残念ながら皆農民でした。普通の戦争では、そんなことはできません。テロという犯罪に対して戦争するのは、まず無茶です。

もう一つ、アフガニスタンへの攻撃が始まった時、少なくともアメリカの新聞は、なぜこの戦争をしているのか読者が忘れないように、連日書きたてました。タリバン政権が、オサマ・ビンラディンというテロ容疑者を引き渡すのを断ったからだという話です。しかし、これは嘘です。戦争状態では新聞もおかしくなるので、注意して読まないと危ないです。

新聞を読む技術とは、今日の新聞を読む時、昨日の新聞に何が書いてあったか忘れないことです。あるいは、先週何が書いてあったか忘れない。アメリカの攻撃が始まる前、一日おきくらいに、タリバン政権のパキスタン駐在大使は、「証拠を見せない限り、引き渡しません。まず証拠を見せてください。証拠を見せてくれれば、いくつかの選択肢がある。イスラム政権のある第三国に引き渡し、そこで裁判を行うとか、アフガニスタン国内で裁判を行うとかも考えられるけれど、まずは交渉次第だ」と繰り返し述べていたんです。引き渡しを断っていないんです。国際関係の常識の範囲内で動いていたのです。お前の国に犯人がいるから引き渡せと言われたら、証拠は何か問い質すのは当然です。

ところが、ブッシュ大統領はタリバン政権と交渉するのを拒否した。証拠を見せる必要もないと言った。交渉しないで侵略するのは、これまた国連憲章違反です。国連憲章は、二条三項で、加盟国に国際紛争を平和的手段によって解決しなければならないという一般的な義務を課しているのですから、交渉自体を断るというのは憲章に反しているんです。

なぜ証拠を見せなかったかというと、多分理由は簡単でしょう。何の証拠もなかったからです。推測しかなかった。推測は当たっているかもしれないが、証拠は何もない。とにかく、犯罪容疑者を渡さないことが、侵略を正当化する根拠にはなりません。もしなるのであれば、ペルーは日本国を侵略してもよいことになります。

ペルーの人たちから見れば、アルベルト・フジモリはオサマ・ビンラディンに負けない大量殺人犯です。でも、日本政府は渡さない。ならば、ペルーは東京を空襲してもいいのか。

繰り返し述べると、テロに対して戦争するというのは、法を無茶苦茶にしてしまうことなのです。タリバン政権は容疑者を渡さないと言っていなかったし、仮に引き渡しを拒んだとしても、侵略する根拠にはならないのです。

＊ブッシュの支持勢力と一般世論

次に、ネオコンが台頭しているなかでのアメリカ民主主義の現状についてですが、ご存知のとおり、今のブッシュ大統領は選挙に勝って政権に就いたわけではないです。二〇〇〇年の大統領選挙で、ブッシュは、民主党のゴア候補より、一般投票の得票数で二五万票くらい少なかった。しかも、ブッシュ候補の実の弟が知事をやっているフロリダ州で、重大な投票不正疑惑があったため、法廷闘争にまでなったわけですが、連邦最高裁は、フロリダ州最高裁の決定を受けて始まった手作業による票の数え直しを中止するよう命じたのです。連邦最高裁の肩入れのおかげで、ブッシュは当選したのですが、その中心人物は、ネオコンの一人、アントニン・スカリア判事です。ブッシュが大統領になって、彼の指名で、スカリアの息子は、労働省の首席法務官という要職に就けてもらいました。

ともかく、ブッシュは選挙に負けて政権を取った。しかも、選挙期間中、外交政策はほとんど議論されず、「帝国」をつくるとか、イラクを侵略するといった公約ももちろんありませんでした。むしろ、選挙の争点は、経済などのテーマでした。

とは言え、ブッシュ政権を生み出したネオコンは、相当な勢力です。なぜこれほど強くなったのか、それには幾つか理由があります。一つは、キリスト教原理主義です。アメリカを外から見ると、東海岸と西海岸だけを見ると、とても世俗的に見えますが、中部は全く違います。原理主義（fundamentalism）という言葉は、もともと、アメリカの極端なキリスト教信者の思想・運動を意味していました。つまり、とりわけ南部で、聖書を文字どおりに受け止め、天地創造とか、奇跡、処女懐胎、キリストの復活を信じるのが、本来の原理主義です。言葉のうえでは、「イスラム原理主義」はその延長線上にあるわけで、そもそも原理主義というのは、アメリカのキリスト教から生まれたのです。

ブッシュ自身も、キリスト教原理主義者の一人です。以前、南部のキリスト教原理主義者は、カトリックやユダヤ教徒との協力を拒否し、黒人を差別したため、自分たちの地域を越えて大きな政治勢力に成長することができなかったのですが、最近は様子が随分変わりました。今のネオコンには、キリスト教原理主義者のほか、イスラエルを絶対的に支持するユダヤ人右翼、世俗的な現実主義者など、思想的には本来相容れないはずの勢力が同居して手を組んでいます。それで、とても強力になったのです。

ブッシュは愚かな人間のように見えますが、結構うまいところがあります。彼はキリスト教原理主義者なわけですが、演説の時、暗号のような言葉を使って、原理主義者を満足させる一方、世俗的な現実主義者にも嫌われない言い方をするのです。たとえば、先ほど触れた一般教書演説ですが、彼は「悪の枢軸（axis of evil）」と言いましたね。evil という単語を使ったわけですが、本来宗教用語であるevilは、ただの「悪」も意味するので、双方満足できる。普通に聞けば「とても悪いこと」ですし、原理主義者が聞けば「悪魔」（d＋evil＝devil）になるわけです。

ブッシュを支持する勢力は、他にもちろん企業があります。特に軍需関連や石油関連の企業です。彼らは父親とのコネはあるし、莫大な儲けが入るしで、ブッシュ大統領は、「九・一一」後、またアフガニスタン戦争やイラク戦争の開始後、大変な人気を得ました。ところで、その人気ですが、世論調査自体にも問題があります。つまり、「この戦争はいい戦争ですか」とは聞かずに、「この戦争を支持しますか」と聞く。すると人々は、アメリカを支持するのか、敵を支持するのか、どちらなのかと問われているような気になるのです。戦争をやってほしいとは思っていなくても、敵を支持することはまずありません。「支持しない」とは言えない。隣のお兄さんも出征しているし、殺されてよいとは言えないから、戦争をした以上勝ってほしい。だから、それは政策を支持することとは次元の異なる話なのです。

＊ ネオコンによるアメリカ支配の度合い

それから、二〇〇四年選挙の展望ですが、ブッシュ落選の可能性もあるかもしれません。彼が二〇〇三年五月二日（現地時間）、空母艦載機で空母「エイブラハム・リンカーン」に降り立ってイラク戦争の終結を宣言して以降、数ヵ月の間にアメリカの政治的雰囲気は、驚くほど速いペースで変わっています。一時期は、政治家が戦争への反対を言い出しにくい状況でした。「九・一一」から三日後、アメリカ連邦議会はブッシュ大統領に報復戦争の「必要で適切なあらゆる軍事力」を行使する権限を与える決議を採択しました。上院は全会一致、下院は四二〇対一でした。たった一人反対票を投じた民主党のバーバラ・リー議員は日本でも有名になりましたが、彼女以外は誰も「反対」とは言えなかったのです。

今、民主党の大統領候補者争いのなかで、かつてブッシュに賛成した人が弁明調になっています。なぜ賛成票を投じたか、説明しなければならない。最初から反対していた政治家の方が有利になっている。それほどの変化が起こっているのです。

毎日のように新聞では、イラクに大量破壊兵器がなかった。なぜブッシュは嘘をついたのかと報道されています。しかも、イラクで米軍側の死者はどんどん増えています。ブッシュの芝居がかった戦闘終結宣言以降の方が、戦争中よりも多くの死者を出しているのです。だから、実質的には戦争は終わっていないということで、米軍内部で不満が高まっていますし、もちろん家族もいらだっています。

アメリカの大統領選挙では、有権者の投票数は決定的な意味を持ちません。実際の勝敗を決めるのは、州ごとの「大統領選挙人」の獲得数であって、要するに間接選挙なわけです。そこで、各州の政治的雰囲気ですが、やはり南部が重要になります。ブッシュはテキサス州で南西部、ブッシュの父親もテキサス、クリントンもアーカンソー州で南部、カーターもジョージア州で南部。南部しか大統領を出さない時代になりましたね。候補者の多くも南部出身ですね。昔は全部ニュー・イングランドばかりだったのですが、その次は、ニクソンやレーガンのようにカリフォルニア州ばかりですね。長い間、南部の白人は民主党支持でした。歴史的に言って、民主党は、北部のリベラルと南部の差別主義者の連合でした。抜本的な変化があって、南部の白人は共和党に変った。民主党は、今度の選挙でも、南部の票をほとんど取れないのではないかと心配されています。

逆に言えば、ネオコンがアメリカをかなり支配しているとは言っても、それは全部ではないし、アメリカは地域によって全く別の政治文化があります。ニューヨークやサンフランシスコでは、様子が随分違います。

＊北朝鮮にどう対するか

日本の小泉政権は、アメリカのブッシュ政権に無批判に追随しているわけですが、それを正当化しているのが「北朝鮮問題」ですね。先ほど述べたように、私は、韓国の「太陽政策」を評価しています。

日本政府がまず抑えるべきは、アメリカです。侵略してはいけない、何があっても先制攻撃は許さないとはっきりものを言い、その攻撃に日本の米軍基地は使ってはいけないなど、ありとあらゆる手段で戦争を止めるべきだと思います。これは平和主義ではなく現実主義です。

というのは、おそらく一番危険なシナリオは、アメリカが北朝鮮を侵略し、北朝鮮が当然反撃して、横田基地や嘉手納基地をミサイル攻撃することでしょう。国連憲章は、五一条で自衛権を認めているわけですから、北朝鮮の反撃は合法です。

北朝鮮は、先制攻撃をやると宣言していないし、もしやったら、とんでもない仕返しをされるので、そんな愚かなことをやるとは誰も思っていません。先制攻撃の可能性をほのめかしているのは、アメリカです。本当にやるかも知れない。だから日本政府は、それをまず止めて、韓国と一緒に太陽政策を進めるのがよいと思います。別に北朝鮮の政権を甘やかす必要はなくて、厳しい態度をとっていいのだけれど、いろいろな交流など、戦争の可能性を低めることが重要です。

＊　軍事力

軍事力一般についてですが、私は全く持たない方がよいと考えます。というのは、それが一番現実主義的だからです。特に日本については、そうです。残念ながら、今それを詳しく述べる時間はないのですが、仮に、軍事力が強ければ国民は安全だという考え方に立った場合、日本の歴史を振り返ってみると、軍事力が一番強かった時代はいつでしょう。そして日本国民が暴力によって一番殺された時はいつでしょう。同じ時ですね。軍事力が一番あった時が、一番危なかったわけです。これは想像ではなく、歴史の記録です。

＊　マスコミと国民

最後に、今アメリカでマスコミが非常に悪い役割を果たしているのではないかというご指摘ですが、第二次世界大戦の日本やドイツのマスコミの状況とは、事情がかなり違うと思います。第二次世界大戦の頃、日本国民が全く知らなかった事実が、おそらくたくさんあったと思います。調べようと思っても、手に入らなかった情報がいろいろありました。マスコミが完全に統制され、言論の自由がなかったわけですね。

そういう状況は、今のアメリカにも日本にもありません。言論の自由はあるし、情報は流れているわけです。ただ、こういう謎があります。イラク侵略の時、アメリカの世論調査で、サダム・フセインが「九・一一」の攻撃を直接計画したと信じている人が三〜四割いたんです。その種の調査は、今でもあります。政府はそんなことは言っていないし、新聞もそんなことは書いていません。サダム・フセインは「九・一一」と関係ないという情報も公開されている。それにもかかわらず、何だか妙な雰囲気が起こって、そんなことを信じている人たちが出ている。

つまり、言論の自由があるとしても、いったい自分がどのような状況にいるのか分からない人たちがたくさんいるということです。それは多分、議論がないこととも関係しているでしょう。新聞を読んでも、黙っているだけで話し合わないんですよね。政治や戦争について議論するのは、格好悪いのか、恥ずかしいのか、それとも古くさいと思うのか、よく分かりませんが、とにかく皆避けたがります。

また、テレビの問題もあるでしょう。それは、テレビの情報が偏っているということとは別の、テレビそのものが持つ弊害です。今の世代は、いわばゼロ歳からテレビを見続けて大人になっているわけですね。それで、知識としては区別があると一応分かっているつもりでも、感覚的にニュース番組とワイドショーと映画との違いに気づかない人が多いと思います。ニュースがつまらないと、CMを見たり、スポーツを見たりするでしょう。チャンネル・チェンジによって、とにかく何か出てくるので、現実とフィクションの区別がつかず、全部ヴァーチャル感覚で本当の現実感のない人が増えているのだと思います。そのことも、議論しないということと関係があるでしょう。

＊ 軍隊を逆手にとって

最後に、大阪大学に自衛隊や海兵隊関係者が出入りしているという話に関連してですが、私は沖縄に住んでいるので、米軍と隣り合わせで生活しています。米軍がいることを歓迎はしていませんが、米軍の存在を一つのチャンスだと考えて、何種類かの米軍向けのビラをつくって配っています。沖縄に来るのなら、私のビラを読まなければならないような状況をつくりたいと思います。

大阪大学でも、同じことができるのではないでしょうか。ビラなら一人でも数人でもできますし、結構楽しいのではないかと思います。阪大に来た軍人に、「これ読んでみてください」と。たとえば、「何のためにイラクに行くのですか」とか、「殺されるために行くという説がありますが、どう思いますか」とか、書き方はいろいろあるでしょう。私が米軍に配っているビラをお見せしますので、どうぞ参考にして下さい（次々頁参照）。

「帝国」と化したアメリカ 追従しか知らない日本

WORDS FROM THE FRONTLINES

" If you asked the soldiers, they'd be ready to go home ... They're torn up over throwing old ladies and kids out [of their houses]."
Maj. Brian Pearl, 101st Airbrone

" I think our welcome's worn out. We don't even get that fake wave anymore. They just stare." Lt. Tom Garner, 4th Infantry Division.

" You are fighting a group that is in their home. If it was me and someone was to come into my home. I'd be throwing some lead downrange." Sgt. Joseph Denny, 2nd Battalion, 502nd Infantry Regiment.

" We're more angry at the generals who are making these decisions and who never hit the ground, and who don't get shot at or have to look at the bloody bodies and the burnt — out bodies and the dead babies and all that kinda stuff." Spc. Anthony Costello, 3rd Infantry Division.

" The way we have been treated and the continuous lies told to our families back home has devastated us all ". Anonymous soldier in a letter to the US Congress.

" There is no real reason for us to be out here !! We're protecting oil is all, and as far as the supposed war ending, it hasn't." Pfc. Mary Yahne, 4th Infantry Division.

" If Donald Rumsfeld was here, I'd ask him for his resignation." Spc. Clinton Deitz, 3rd Infantry Division.

For more, read *Travelling Soldier* http://www.traveling-soldier.org

e-mail:contact@traveling-soldier.org

If you can no longer in good conscience participate in these meaningless wars, want information about early discharge or other GI rights, call GI RIGHTS, +1-800-394-9544/+1-215-563-4620. The opinions expressed in this leaflet are not necessarily those of the GI RIGHTS HOTLINE. The HOTLINE contact is offered as a resource for GIs.

前線からの言葉

「兵士に尋ねれば、彼らはもう帰りたいと言うだろうよ―（中略）―おばあさんや子どもを家から追い出したりすることにはうんざりなんだ。」ブライアン・パール少佐　第101落下傘兵師団

「もう歓迎されていないと思うね。手を振るふりすらされなくなったよ。俺たちはただじろじろ見られるだけだ。」トム・ガーナ中尉　第4陸軍師団

「自分の家にいる人たちと戦っているんだよ。俺だって、誰かが俺の家に入って来ようもんなら、撃つだろうよ。」ジョセフ・デニー軍曹　第503陸軍連隊

「俺たちはむしろ、こういう決定をしている大将たちに怒っている。あの人たちは地上に降りてこないし、撃たれることもない。血だらけの死体や焼かれた死体、死んだ赤ちゃん、そういうもの全部見なくてもいいんだ。」アンソニー・コステロ特技下士官　第3陸軍師団

「私たちの扱われ方と、故郷にいる家族に対して繰り返される嘘に、私たちはみな呆れ果てています。」匿名兵士による米国議会への手紙

「私たちがここにいる大義名分などない！　私たちは石油を守っているだけだし、いわゆる終戦は、実現されていない。」メアリー・ヤーネ上等兵　第4陸軍師団

「もし、ドナルド・ラムスフェルドがここにいれば、俺は辞任を要求するね。」クリントン・テイッツ特技下士官　第3陸軍師団

もっと知りたい方は、*Traveling Soldier* を読んで下さい。
http://www.traveling-soldier.org
e-mail: contact@traveling-soldier.org

良心に顧みてこの無意味な戦争に参加できないと決めた人、または初期除隊その他GIの人権について相談したい人は、この電話番号へどうぞ。
GI　Rights：＋1-800-394-9544 / ＋1-510-465-1617

アメリカは負けている

一九六六年ごろ。アメリカのある大学の喫茶店で、大学生たちがベトナム戦争について話している。全員が戦争反対だ。

「今日の新聞のこの写真見た？　村にナパーム弾を落とすとこうなるんだ」

「マクナマラの昨日の発言読んだ？　本当に愚かな奴だ」

「グロテスクだ。何も持っていない人たちに対して、あんなすごい技術を使って。ベトナムは釘でさえも輸入しているんだってね」

この会話を黙って聞いているイギリス人留学生がいる。しばらくすると、彼はすまなさそうにほほえんで、発言する。

「でも、アメリカはこの戦争に負けるよ」

一同驚いて一瞬沈黙する。それからコーラスのように、

「アメリカが戦争に負けるわけないだろう！」

「アメリカの経済力、軍事力、技術をみてごらんよ。戦車もあるし、大砲もあるし、戦闘機もある。機関銃つきのヘリもある。B52もある。負けるわけないだろう！」

そのイギリス人留学生はアメリカ人の弱点を触った。この戦争はいけない、という意見は許されていたが、アメリカは負けると言ったら大混乱に陥った。

実はアメリカはその戦争に負けたのだ。

最近その時の会話が記憶によく浮かんでくる。今のアメリカが当時と似ているからだ。多くのアメリカ人は自分の国が無敵だとまた信じている。数十年前アメリカは戦争に負けたことを忘れているし、今現在また戦争に負けていることも気づいていない。

この間、アメリカのイラク暫定占領当局代表であったL・ポール・ブレマーが暫定内閣総理大臣アヤッド・アラウィに「主権を渡している」写真が新聞に載っていた。ブレマーがアラウィに青いフォルダーを渡している。なるほど、イラクの「主権」がそのフォルダーの中に入っているのだ。この秘密儀式には、計六人が参加して、数分で終わったそうだ。終わってからブレマーはヘリに乗って、イラクを出た。生きて帰れてよかったと思っただろう。

半世紀前の主権移譲儀式を思い出す。講和条約が結ばれたサンフランシスコ平和会議のことだ。私はサンフランシスコに住んでいたので、覚えている。世界各国から外交官が集まって、大騒ぎだった。われわれ高校生は珍しい服を着ているアフリカや中東の外交官を探すのが楽しみだった。

結局四十八ヵ国が条約に署名して、日本国に「主権」が渡された。

ブレマーたちが行った儀式は夜逃げのようなものだった。

問題は儀式のやり方だけではない。自分が持っていないものを人に渡せないのだ。アメリカはイラクで「主権」を勝ち取ってなどはいない。政府になろうとしている機関は、その機関が統治しようとしている国民によって政府として(少なくとも消極的に)認知されてはじめて主権を握っているともいえる。イラクにいる十三万八千人の米軍はそれぞれの砦のような基地に閉じこめられて、危険だからとあまり外へ行かないそうだ。イラクの抵抗勢力は米軍をすぐイラクから追い出すぐらいの力はないらしいが、一方アメリカの暫定占領当局がイラク社会を統治する力も能力もなかったし、今度の傀儡政権も同じだろう。

一年半前、アメリカでよく議論されたテーマは、イラクが片付いたら、次はどこにしようか、ということだった。今は、どうやったら、あまり面目をつぶさずにイラクから撤退できるか、というテーマに変わった。

しかし、この物語の中で最も不思議なのが、この沈没しつつある船に懸命に乗ろうとしている小泉政権だろう。

2　アメリカの諸戦争と日本の憲法

ファルージャから二つの報道

二〇〇四年一二月一〇日付の記事（AFP）によると、米海兵隊は寂れたファルージャの荒廃のなかを歩き回って、野良犬を撃ち殺している。戦争のためのセミオートマチック銃で、犬を殺しているという。記事によると、「死体の肉を食べて太り、狂犬病をもっている恐れがある」

狂犬病は、そのウイルスをもっている動物にかまれて伝わる病気であり、腐肉を食べて伝わる病気ではない。攻撃後のファルージャの犬には、攻撃前の犬より狂犬病の恐れが大きくなった理由がない。米海兵隊が街をパトロールして、犬を殺す理由はなんだろう。

軍医はそうするように命令したかもしれないが、理由は医学的なものではない。米海兵隊にとって、「死体の肉を食べて太った」犬が町のなかを走り回っていること自体が耐えられないのだろう。我慢できないのだろう。撃ち殺すしかないのだろう。

古代ギリシアの劇作家ソフォクレスの悲劇『アンティゴネ』には、反逆者のポリュネイケスが殺された時、王様のクレオンは、その死体を土に埋めることを禁止する。その不自然な行為によって、町全体がのろわれた場になる。芝居のコーラスは歌う。土に埋まっていない死体は町の外にあるだけではなく、みんなの飼い犬があそこへ行き、食べ、そしてまた家へ帰り、飼い主の足元で寝る。そのように、のろいの「汚染」はだれの家にも入ってくる、と。

ファルージャは米軍の犯罪によって（米軍にとっての）のろわれた町になっただろう。そののろいを象徴するのが、「太った犬」（本当は太っていないだろう。太ったように見えることもその恐怖症の一部なはずだ）。その犬に対する恐怖は、自分の犯罪に対する恐怖だ。見ていられないものだ。

演劇では、クレオンは反省をし、死体を埋めに出かける。

ファルージャでは、米海兵隊は犬を撃ち殺している。

一二月五日付の記事（Boston Globe）によると、米軍はファルージャで大きなジレンマに悩んでいる。ファルージャ戦に「勝って」町のほとんどを自分のものにしたが、その自分のものになった町は土地と破壊された建物だけで、人はいない。ファルージャの三〇〇、〇〇〇人は町の外にいる。ファルージャ戦の（建前）の目的の一つは、一月の選挙を実現することだが、ファルージャで選挙を実現するためには、その三〇〇、〇〇〇人に戻ってきてもらわなければならない。しかし戻ってくれれば、米軍占領に対する抵抗が復活する恐れがある。どうすればいいだろう。

米軍には解決案がある。町の外で受付センターを作り、DNA指紋とレティナスキャンによってそれぞれの住民のデータベースを作り、名札を作る。そして戻った住民を軍団に組織し、町を作り直してもらう。そういう計画だそうだ。

もちろんこの「インスタント全体主義計画」はできるものではない（DNA指紋などは、一日であきらめたそうだ）。米軍の力ではなく、精神的な不安定が伝わってくる。勝っても勝っても勝てない、これは悪夢のようだろう。ノイローゼの症状を見せ始めているのはおかしくない。

9条に関する9テーゼ

①9とは、三つの3で構成される、力のある数字だ。

日本国憲法を作成した人々が、戦争放棄の条項を9条にしたのは偶然だろうか。どの大工にもわかるように、最も強い、信頼できる形は三角である。三角は建築の基本だ。9は三（角）の三つでできていて、強い基礎となる数字だ。

②9条は日本の戦後民主主義の要である。

日本国憲法は三つの原則、つまり、戦争放棄、主権在民、そして基本的人権、に基づいているという。たしかに、この憲法には主権在民の原理ははっきりと定まっているし、多くの憲法より人権に関する条項は多くて細かい。

しかし、この憲法は「主権在民憲法」や「人権憲法」なのではなく、「平和憲法」と呼ばれている。やはり、戦争放棄がこの憲法、ひいては第二次世界大戦後、日本国民が勝ち取った民主主義政治の要なのだ。つまり、戦争になると主権在民という原則も蝕まれるし人権も削られるものだ。これは日本の歴史を見てもわかるし、次々戦争を起こしている現在のアメリカを見てもわかることだ。

③9条がなくなれば、日本社会は、現在予測される以上に変わるだろう。

9条＝平和、が戦後民主主義の要であるならば、9条だけを抜いて、それ以外をそのまま守るわけにはいかないだろう。9条を抜けばすべてが崩れ始めるだろう。

有事法制を見ればわかる。「有事」（つまり戦争）状態になったら、人権を制限しなければならない。しかし、国民は自ら自分の人権を放棄するわけはないので、現在国民にある主権（主権在民の原則）を国民から内閣総理大臣へ移さなければならない、という論理だ。

実は、この過程はもう始まっている。

④日本の右翼・軍国主義勢力は、彼らがそれを意識している以上に、9条によって抑えられているだろう。

ある逆説的な意味で、日本の右翼が9条に頼ってきたという側面はある。9条に基づいた平和体制ができている限り、右翼は喋りたい放題だった。いろいろな勇ましいことを言ってもそれは実現しないので、自分の言葉に責任をとる必要があまりなかっただろう。

しかし、9条がなくなれば、右翼の街頭演説などの乱暴な言葉は単なる空論ではなく、そのまま国の政策につながるだろう。右翼は社会の中心から離れた、マージナルな少数派ではなく、社会、特にマスコミのなかでその存在感は、自分でも驚くほど、爆発的に増大するだろう。

⑤9条がなくなれば、その右翼・軍国主義勢力は、六〇年ぶりに檻から解放された肉食獣のように行動し始めるだろう。

9条がなくなるということは、右翼がずっと主張してきた論理の正当性がやっと社会的に認められたと、少なくとも右翼は解釈するだろう。であるならば、その六〇年間社会の周辺まで追い出された、村八分のような状態はなんだったのか、と考えるだろう。そして、「我々を村八分にしたのはだれだ！」と、右翼のいつもの慢性的な怒りも爆発するだろう。

檻に入っていた右翼も恐かったが、檻から解放された右翼はどんなに恐しいだろうか。

⑥その解放された肉食獣が狩りに出かける時、その最初の餌とするのは、外国ではなく、日本国内、つまり自分を六〇年間檻に入れた、平和国家を求めた日本国民であろう。

右翼思想の原動力は怒りと憎しみだが、右翼の言葉をよく聴くと、もっとも憎んでいるのは中国人やアメリカ人や朝鮮人なのではなく、自分を支持しない、六〇年間社会の周辺へ追い出した日本国民だ（右翼的愛国心は、その国の人々を愛するということを含まないのだ）。

右翼がもう一度国家権力を振り回すことができるようになったら、恐ろしい復讐政治が始まるだろう。

⑦彼らは前から言っていた。第一の目的は、戦争を仕掛けることではなく、日本を「戦争ができる国」にすることだ、と。

あるいは、上述したように、有事法制を考えると、その復讐政治はすでに始まっていると言えるだろう。

昔からそうだが、国家の支配層がなぜ戦争を起こしたがるかというと、敵となる外国を攻撃したいというよりも、支配層のいうことを聞かない国民を攻撃したい、ということがよくある。

⑧もちろん軍国主義的で、しつけのよい、愛国心に溢れた天皇崇拝の社会は、戦争をするのに効率のいい手段となる。しかし、それよりも注意すべきことは、もし、そのような社会を形成するのが目的であるならば、戦争または戦争の神話は効率のいい手段になる、ということだ。

戒厳令（「有事法制」は戒厳令の別名だが）は戦争を能率よく進める手段でもあるが、深層のレベルでは、戦争は戒厳令を布告する手段＝口実でもある。現在の日本政府も、最近の政策の目的は、戦争をすることよりも、「戦争ができる国」をつくる、ということであるという。やはり、この攻撃の第一の対象は日本の国民なのだ。

しかし、問題は有事法制＝戒厳令だけではない。政府は教育基本法をも攻撃して、戒厳令によって一時的に戦争できる状態だけではなく、社会を根底から作り直して、戦争できることを平時の一般常識にしようとしている。彼らにとって、それが理想社会らしい。その理想社会を形成するためには、絶えず戦争の恐怖・戦争の神話を社会の中心にしなければならない。

⑨9条がもし捨てられたならば、日本から亡命者が出始めるだけではなく、都道府県市町村の独立が話題になるだろう。

これは当然だろう。つまり、平和憲法をいじるなら、憲法に次のような条項を加えてほしい、という人が多くなるだろう。

改正案第104条【日本国からの都道府県市町村の独立】

①日本国からの都道府県市町村の独立は、その都道府県市町村の総議員の三分の二以上の賛成で、その都道府県市町村議会が、これを発議し、その都道府県市町村民に提案してその承認を経なければならない。この承認には、特別のその都道府県市町村民投票又はその都道府県市町村議会の定める選挙の際行われる投票において、その過半数を必要とする。

②都道府県市町村の独立について前項の承認を経たときは、その都道府県市町村の長は、その都道府県市町村民の名で、直ちにこれを公布する。

イラク派兵と憲法9条

——日本政府のもくろみ

憲法9条は軍事行動を行う権利を禁じている

人々の激しい抗議を無視し、圧倒的な世論を無視し、国の憲法を無視して、日本政府は自衛隊をイラクに派遣した。第二次大戦後はじめて日本の武装部隊が戦地へ送られたのである。この出来事は日本、アジアそして世界で計り知れない影響を広げる可能性がある。

一般に平和憲法とよばれる日本の憲法には戦争放棄の条文、戦争の脅威、戦争の準備を放棄する条文がある。一九四六年に制定されたこの憲法は、当初から右翼に嫌われたが、イヤというほど戦争を目の当たりにした一般の人々の間では圧倒的に支持されてきた。この憲法が制定された直後から、保守党政権はこれをどうすれば変えられるか、とくに戦争放棄を定めた9条を変える方法を探ってきた。改正に必要な国民の支持を得ることができないため（衆参両院での三分の二の承認と国民投票での過半数)、政府は後に「憲法解釈による改正」という方法を取り始めた。憲法9条は複数の解釈に向くような書き方をされていないにもかかわらずである。第9条にはこう書かれている。

日本国民は、正義と秩序を基調とする国際平和を誠実に希求し、国権の発動たる戦争と、武力による威嚇又は武力の行使は、国際紛争を解決する手段としては、永久にこれを放棄する。
前項の目的を達するため、陸海空軍その他の戦力は、これを保持しない。国の交戦権は、これを認めない。

一九五〇年、日本はまだ米国の占領下にあったが、政府は「国家警察予備隊」を創設した。米占領軍が朝鮮戦争におもむく間、日本国内の安全を保障することが任務であった。この種子から現在の自衛隊が育ったわけである(これは国の軍事組織の主たる「防衛」は敵対する国民から国を守ることだという理論を裏付ける)。それ以来、第9条は少しずつ「解釈」によって削り取られてきた。第9条には、日本が侵略戦争に従事できないという意味しかなく、自衛のための軍事行動は国家に固有の権利であって、破棄することはできない。第9条は自衛隊を海外に派遣できないという意味である。ただし、親善友好で外国の港に送られる場合は別である。第9条は、自衛隊が防御上の武器だけは持てるという意味である。ただし、もっとも効果的な防衛は攻撃であることは誰でも知っている。第9条は、軍事支出が国民所得の一%を超えてはならないという意味である（条文からどうやってこうした意味を搾り出したのか、今もって謎であるが）。とくにバブルの頃はこれで軍事支出は大幅に増額された。第9条は国が和平促進に努めるという意味である。したがって、自衛隊を国連平和維持軍として海外派遣することを積極的に支持する。あるいは、現首相が主張しているように、イラクの「平和復興」占領に参加するため、自衛隊派遣を積極的に支持する。

こうした詭弁や奇想の数々がいずれも無視しているのは、第9条の最後にある「国の交戦権は、これを認めない」という一文である。政府は国民に対して、交戦権とは侵略戦争を行う権利という意味であって、この権利が破棄されるとしても自衛権は残る、と説得に努めてきた（しかもかなり説得に成功してきた）。だが、この一文はそういう意味ではない。まず第一に、戦後の国際法の下では「侵略戦争を遂行する権利」なるものなど存在しない。侵略戦争は国連憲章によって非合法化され、ニュルンベルグと東京での国際戦争犯罪裁判では、侵略戦争を計画し実施したとして男たちが死刑を宣告された。したがって、それが第9条の意味だとしたら、なんの意味もないことになる。しかし、交戦権は侵略権ではない。軍事行動を行う権利なのである。つまり、戦争で人を殺しても、殺人で処罰されずにすむ権利である。社会学者のマックス・ウェーバーが「正当な暴力の権利」と呼んだものに入る。国家はこの権利を保持しているが、言うまでもなく国家とは抽象概念であり暴力は行使できないので、具体的には殺す権利を与えられるのは兵士である。そして第9条は、日本政府にはこの権利はないと言っているのである。

第9条は理想、願望、希望あるいは夢だといわれることがある。そのどれもがあてはまるかもしれないが、その前にまずこれは法として拘束力をもつ。日本国憲法は政府がもつ権力と持たない権力を具体的に定めているのである。交戦権は持たないといえば持たないのであって、それですべてである。

だとすれば、イラクまでピストルやライフルや機関銃などなどを携えていった自衛隊はかの地で何をやっているのだろうか。

自衛隊のイラク派遣を可能にした（と言われる）立法措置には「武器の使用」という条項がある。それによると、日本の刑法第三六条と第三七条が適用される場合を除いて、武器を使って人を傷つけることは許されない。刑法第三六条と第三七条には、正当防衛と緊急避難において暴力を行使する権利が述べられている。日本国に入る人なら誰でもこの権利を有する。暴力に訴える以外に自分や他者のいのちを守るすべはないという状況に追いこまれた場合、そこで暴力を行使しても訴追されることはない。しかし、この個人がもつ正当防衛の権利は交戦権とはまったく別であるし、軍事行動の法的基盤にはなりえない。もっとも単純な例をあげよう。個人の正当防衛では、身を守るために逃げ出すこともできる場合、そうせずに留まって戦えば正当防衛を主張できない（とくに日本では難しい。アメリカに比べて正当防衛の範囲が厳しく限定されているからである）。しかし、逃げ出せばメンバーの命を守れるとしても、逃げ出すことを法的に義務づけられた軍事組織などありえない。

日本政府はなぜ自衛隊をイラクに派兵したのか

したがって、先の質問を繰り返すなら、武器を携えた日本の自衛隊は戦争で荒れたイラクで何をやっているのだろう。

これは重大な問題である。自衛隊の具体的任務は公共の給水の修繕に携わることだといわれているが、自衛隊がとくにその専門技術を持っているわけでもないし、武器はほとんど何の役にも立たない。なぜ政府は水工学の技術者を送らなかったのだろうか。またそれに関して言えば、なぜ水なのか。なぜ広島の原爆病院の医師チームを派遣して、劣化ウランによる被害の調査に当らせなかったのだろうか。これこそ日本が本当の貢献ができる分野ではないか。これに対する答えは二つの要素があると思われる。

ひとつは、政府の目的はイラクを助けることではなく、むしろアメリカを助けることにある。自衛隊をイラクに派兵することで、アメリカの侵略と占領を支持する諸国間の同盟がゆらぎ（そしておそらく崩壊し）つつある時に、これを支えることが目的なのである。もうひとつ、政府にはおもわくがある。第9条にとどめを刺すという目的である。本物の兵器で武装し、しかもそれを軍事行動で使用する法的権利はないまま、自衛隊を戦闘地域に派遣することで、自衛隊と憲法の矛盾を危機にいたらせようとしているのである。そこに長く留まれば、攻撃される可能性が高まる。攻撃されれば、誰かを殺すかもしれないし、自分達が殺されるかもしれない、本物の軍事組織なら留まって戦うべきところを撤退という「屈辱」に甘んじることにもなりかねない。こうしたことが起これば、日本の国民が立ちあがって、「よく分かった。かわいそうな自衛隊を縛っている憲法条項をなくそうではないか！」というだろうと、政府は賭けているのだろう。だからこそ、政府が自衛隊をイラクに派遣しているのは、その中から死者を出すのが目的だという声もあがっている。私自身は、自衛隊を本物の殺し屋にすることが目的だと思っている。しかし、もちろんこれは賭けであって、結果的に世論はまったく反対の立場をとり、平和憲法をこの国の最高法として再確立しようとする新しい運動が起こるかもしれない。

もしそうなれば、根本的な変革になるだろう。なぜなら、日本の平和憲法は、戦後日本の政治と社会に重要な影響をおよぼした反面、一度として完全に施行されたことはないからである。第9条は憲法の前文とともに、日本の国家安全保障にとって根本的に新しい戦略に等しい。国の安全保障を軍事力の行使や脅威によってではなく、積極的な平和外交によって守るというのである。日本は「平和を愛する諸国民」（決して誰も彼もではない）の仲間入りをして、戦争を引き起さない国際環境を作り出すために働くというのである。これは言うまでもなく「常識的」な政治思考に反する。主流の政治学者はほとんど例外なくマックス・ウェーバーと同じく、「正当な暴力の独占」こそ国家の基本かつ定義であると考えており、日本の憲法のような考えは噴飯ものでしかない。しかし、この常識的な政治思考が二〇世紀の狂気をもたらしたのであり、そこで国家は正当な暴力の権利を行使して、二億人以上を殺したということを忘れてはならない。確かに、日本の平和憲法が提案する試みは冒険的だし、失敗するかもしれない。国際政治では何の保証もないのである。しかし、軍事力で国の安全を守ろうとするほうが冒険的であるし、危険きわまりない。軍隊が強大になればなるほど、外国へ派遣して冒険をしたくなるし、結局は破局をもたらす確率がたかい。（少なくとも年長の）日本人はこのことを直接身をもって学んだし、アメリカ人はベトナム戦争で学ぶべきだったし、今また再び学びつつある。

さらに、軍事体制が国民の安全を保証すると信じている人たちは、軍事体制というものはたいてい、国内にいる住民を第一に狙っていることを忘れている。二〇世紀に国家によって殺された二億人以上のうち、大半が民間人であったことは言うまでもないし、半分以上は外国人ではなく自国民だった。今日でさえ、新聞を毎日ざっと読むだけで、世界で起こっている戦争のほとんどが、国家とその国民の間の戦争である。

もっともな話といえるが、日本国憲法が提案するこの冒険は、これまで一度も試されたことがない。この憲法が最初に発布されたとき、日本はまだ米軍の占領下に置かれていた。一九五二年ようやく独立を取り戻した時には、講和条約の条件として、日米安保条約を受け入れざるをえず、日本国内での米軍基地の存続を認めることになった。かくして、平和憲法には最初から偽善の要素が沁みこんでいたのである。日本は「平和国家」ではあっても、国の安全保障を外交だけに頼るという実験を試みることもなかった。むしろ、軍事力——つまり米軍——に頼るという常識的な方法を用いてきた。そして一九五〇年に警察予備隊ができた後、それは次第に大規模で経費のかかる準軍事的武力[*]にまで増強され、偽善の上に偽善が積み重ねられていったのである。

[＊]「準軍事的」というのは自衛隊を正確に言い表す言葉ではない。しかし、カテゴリーとしては

唯一の例であるだけでなく、また日本の政治論では、自衛隊を直接かつ正直に論じる人がほとんどいないため、正確に表現する言葉はなにも作りだされていない。

しかし、憲法と日米安全保障条約の組合わせで、日本の外交政策全体が偽善的になったとしても(評論家に言わせれば「タダ乗り」政策)、憲法を守り広げるために闘ってきた国民は偽善主義者ではない。憲法を守る運動は一貫して、安保条約にも反対してきたのである。実際の状況は、敵対する勢力の間の不安定な均衡というべきものだった。与党の自由民主党は最初から武装を望み、自衛隊の人数も装備も飛躍的に拡充してきたが、本物の軍隊になるために必要な交戦権を法的に得ることには成功していない。憲法を支持する大衆勢力は、米軍を追い出すことも、自衛隊増強に歯止めをかけることもできていないが、これまでのところ自衛隊の派兵だけは食い止めてきた。かくして、自衛隊は存在しても、第二次世界大戦が終結していらい、日本国家の交戦権という権限の下で、殺されたり負傷した人はひとりもいないのである。戦前の日本の歴史をながめると、その意味は決して小さくはない。

「国際社会」とはアメリカのことだという神話を壊せ!

これこそまさに政府が自衛隊を戦場であるイラクに派遣して変えようとしていることなのだろう。この醜悪なドラマは、政府が「最初の流血」を引き出そうとする戦争が、防衛戦争ではなく、不法な侵略行為だという事実によってさらに醜悪になる。今回の派兵を支持する日本人の多くはこれを理解していないし、ジョージ・ブッシュの選挙いらい、アメリカの外交政策がいかに変わったかも理解していない。ここから国際法について興味深い疑問が生じる。自国が他国との相互防衛条約に調印して、その条約がまだ有効である間に相手国の外交政策が大きく変わったらどうするか。たとえば、ファシスト国家になるとか、無法な軍事的冒険に乗り出したらどうするか。それでも条約を保持するのだろうか。日本で日米安保条約を支持した人の多くは、アメリカが引き続き封じ込めと抑止という基本的政策原則を貫くと信じて、剝き出しの侵略政策に走るとは思わないで、これを支持したのである。アメリカが剝き出しの侵略へと政策転換した今になっても、彼らの強い信念は変わっていないように見えるのだが、それは自分が毎日、新聞で読んでいることを信じていないということなのだろうか。もちろん、封じ込めと抑止というアメリカの旧い政策原則は必ずしも守られなかったし、多くの流血と不法の戦争にかかわってきたことは言うまでもない。それに、たとえばクリントンとブッシュの政策は連続している部分が多いことも言うまでもない。しかし、根本的に変わった部分もある。それもいい方向から悪い方向へというより、悪い方向がさらに悪い方向に変わった。

日本政府は担当大臣をいただく外務省を持っているが、この機関に外交政策を生み出す力があるのかどうかはっきりしない。実際、アメリカが安保条約を占領終結の条件としたということは、外交以外のすべての分野で主権を日本に返すという意味だった。なぜなら、日本に米軍基地が存続するかぎり、外交政策のもっとも基本的な決断、つまりどこが敵国でどこが友好国かを決めるのはアメリカ政府だからである。政府はこの従属的関係について、日本にとって「国際社会」で孤立しないことがもっとも重要だと抗弁している。しかし、実際には「国際社会」とはアメリカのことである。イラク侵攻によってアメリカは史上かつてないほど国際社会から孤立してしまったことに、政府は気づいていないようである。アメリカは国際法というこわれやすい構造を、おそらく致命的に傷つけ、国連を侮辱し、NATO同盟を分裂させ、世界中とりわけ中東での信用を失墜、暴力の連鎖をあおって、いたるところでテロの危険を増大させているのである。

日本政府がどこかの地域の本物の解放戦争を支援できるように、平和憲法を廃棄する道を選んでいたとしたら、それもまた悲劇だったに違いないが、その悲劇にはなにがしかの尊厳が含まれている。だが、ここにはそのかけらもない！

（加地永都子訳）

現地で迷惑にならないように、イラクを助ける方法

「テロ対策特措法」の第十二条（武器の使用）の4には、次のことが書いてある。

――（省略）――武器の使用に際しては、刑法――（省略）――第三十六条又は第三十七条に該当する場合のほか、人に危害を与えてはならない。

刑法第三十六条（正当防衛）と三十七条（緊急避難）という二つの「個人の正当暴力権」は、私も『世界』の読者も含む、日本国の領土にいるすべての人間（文民）に保障されている。それらによって、自分が誘拐または殺害されそうで、他の方法がない時、「暴力」を使い自分の身を守っても犯罪にはならない。

この権利だけでは戦争も軍事行動もできない。

合法的に戦争や軍事行動をするのには、交戦権が必要だ。しかし、日本国憲法第9条には、「国の交戦権は、これを認めない」と定められてある。つまり、「テロ対策特措法」のなかでさえ

も、憲法9条は、夢や希望ではなく、拘束力のある実定法として、まだ生きている。

自衛隊のような、軍隊の格好をしながら軍隊の法的根拠となる交戦権を持っていない組織を、イラクという戦場（ええ、イラクはまだ戦場です）へ送るのは極めて危険なことだ。イラク人に対してはもちろんのこと、米英軍に対しても大迷惑になる。自衛隊がカンボジアに派遣されたとき国連平和維持軍にかけた大迷惑（筆者の『憲法と戦争』晶文社を参照）をはるかに超えるだろう。

現場で迷惑な存在になるというのに、自衛隊を派遣する目的は何なのか。

米政府を喜ばせることが大きいのは違いない。しかし、日本国内の政治目的、つまり、世論に対するインパクトが最も重要なのだろう。戦争のできない自衛隊を戦場へ派遣すれば、きっと「自衛隊」と「憲法9条」との間の矛盾を無視することができなくなる。

「自衛隊員を殺してもらうために送るのではないか」という意見を聞いたが、なるほどと思う。自衛隊員が「交戦権を持っていなかったから殺された」という言い方でマスコミが騒ぎ出したら、世論はどうなるだろう。「だから送るべきではなかった」か「だから憲法を変えるべき」か、どちらに落ちるかによってこの国の将来はだいぶ変わる。

では、日本政府はどのような行為をすれば「迷惑」ではなく「助け」になるのだろうか。

例えばこういうことが考えられる。第一次湾岸戦争、アフガニスタン侵略、イラク侵略では、米軍は劣化ウラン弾を大量に使った。イラク人、アフガニスタン人、そして米軍の被曝者が多くいるといわれている。米政府は、劣化ウラン弾から被曝するほどの放射能が出るはずはないと、開き直って否定している。日本を含む、かなり多くの国の民間調査団がアフガニスタンとイラクを訪問して、説得力のある調査報告書や写真集を何種類も出版しているが、「劣化ウラン弾は被曝者を生む」ということはまだ公に認められていない。

世界でこのような問題を徹底的に調査する能力が最も集中している国は日本だろう。広島赤十字・原爆病院や日本赤十字社長崎原爆病院などのような病院には先端技術だけではなく、原爆病を診断し治療する半世紀以上の経験の蓄積もある。そして、例えば広島赤十字・原爆病院のホームページを開いてみると、同病院は沖縄、米国、南米（ブラジル、パラグアイ、ボリビア、ペルー）へ医者の調査団を派遣し、そちらにいる被曝者を診察し、場合によっては日本まで連れてきて、同病院に入院させたこともあることがわかる。さらに、一九九一年に創立された放射線被曝者医療国際協力推進協議会（HICARE）という組織は、広島と長崎の被曝者だけではなく、他の原因で被曝した人々を調査・診察するために医者を海外へ派遣することを主要な目的としている。HICAREは以前、チェルノブイリ原発事故の被曝者を調査するため、ロシア、ウクライナ、ベラルーシまで医者を派遣したことがある。

ところが、どれもがアフガニスタンやイラクへ調査団を派遣したことがないし、ホームページを見るかぎり、派遣する予定もないらしい。

まさか日本政府が派遣しないように圧力をかけたりはしていないだろう。

もし日本政府に、イラクの人々を少しでも助ける気があれば、自衛隊派遣を止め、そのお金（の一部で足りるだろう）で、放射能被曝の専門家の調査団をイラクへ派遣して、劣化ウラン弾による被曝状態を徹底的に調査し、そしてその被曝者の（イラクで、場合によって日本で）治療に専念すればよい。そしてもちろん、アフガニスタンへも同じような調査団を送る。イラクとアフガニスタンの被曝者は、日本国が被害者側ではなく、加害者側にたった、初めての戦争被曝者であることを考えれば、特にそれぐらいの責任をとるべきではないだろうか。

アメリカ兵の心に反戦を語りかける
——私のメッセージ集

ベトナム反戦運動の時から……

ベトナム戦争でどうしてベトナムが勝利したかはいろいろと理由がありますけれど、一番大きな理由はベトナム側が崩れなくて延々と闘ったことです。それと米軍の中に反戦思想が結構入っちゃったということも大きかったんです。反戦思想、立派な反戦思想でなくてもとにかくやりたくない米兵がたくさん出たわけです。主に空軍や海軍よりも泥の中を歩かなくてはならない陸軍・海兵隊だったと思います。どうして入ったかというといろんな理由がありますけれど、あの時代に若者文化の中に反戦思想が入り込んで、音楽もヒッピーファッションもいろいろあった。軍隊は若者ですからすごい憧れを感じて、その音楽を聞きながら雑誌を見ながら反戦の思想が入ったという要素もあったんです。基地の外でビラを撒くとか、反戦喫茶店、反戦ＧＩのための喫茶店を作る運動とか色々ありました。ここにいる、ほとんどの皆さんはその時代を覚えていると思います。

そして、ベトナムで米軍司令部が陸軍・海兵隊を信頼できなくなってしまうんです。軍隊は過半数が賛成なら戦争ができるわけではなくて、一〇〇パーセントでないとできない。一割とか五パーセントが積極的にやりたくないという状況だったら危ないんです。ベトナムでこの軍団にジャングルを巡回するように命令するわけですが、動かないときもあった。命令に従わない。本来戦場で命令に従わない、戦争しない、ということは死刑判決が出るくらいの事なんです。しかし、死刑で対応しきれないほど多かったんですよね。場合によっては解放戦線の兵士を殺すよりも自分の上官を殺すとか、将校を殺すということもあったわけです。陸軍・海兵隊は使い物にならないわけだから、新しい形の戦争をやってみたわけですね。空から空襲だけで勝てるのではないかと思ったが、それもできなかったわけです。あれから長い間アメリカのペンタゴンは陸軍・海兵隊を使わなくてはならない戦争はやりたくないといっていたんです。空襲はできるけれど実際地面を歩くような兵士を使うことはやっぱり危ないと、ひじょうに危機感を感じてたわけです。たぶんそれがなかったら八〇年代にアメリカ海兵隊はニカラグアを直接侵略していたと思います。侵略していたらどうなるか軍の中で自信がなくて、間接的に戦争したわけです。ユーゴスラビアやコソボでなるべくこっちの人が死なないように、空襲だけの戦争をしたわけですよね。これからのアメリカの戦争はそういう戦争になるのかなと思ったわけです。

ところが、よく引用される「新しいアメリカの世紀のためのプロジェクト（PNAC）」というネオコンのシンクタンクが前回の大統領選挙以前に出した文書がありますが、「アメリカ防衛の再建（Rebuilding America's Defenses）」の中に面白いことが書いてあります。これからのアメリカのやるべき戦争には、政権交代が目的の戦争が多くなる。このシンクタンクのものの考え方は、ソ連が崩壊してからアメリカの軍事力に対抗する勢力も国もどこにもないので、直接的積極的にアメリカの利益になるように世界を支配すべきであり、パックス・アメリカーナを作るべきであるというものです。ラテン語になっているのは偶然ではなくて、「パックス・ロマーナ」といわれたローマ帝国を意識している。

そして、政権交代というのは空襲だけでできないと書いてあります。政権交代をするためには陸軍・海兵隊を域内に入れないとできない、やはり政府の建物に入って敵の政府を追い出して新しい政権を作ることは空軍や海軍にはできないんです。そしてこれからの軍隊の仕事は戦争だけではなくて、警察の仕事、治安を守る仕事をしなくてはならないんです。これからのアメリカの戦争は、彼らに言わせると爆弾やミサイルだけではなくてやっぱり陸軍・海兵隊が地面を歩いて他国に入れないとダメなんです。だからポスト・ベトナム症候群が治ったと自信を持っているのでしょう。

でも逆に私たちの立場から考えれば、米軍は弱いところを見せているわけです。たぶんアフガニスタンやイラクの戦争がはじまった一時期、米軍の中の士気はとても高かったと思うんです。何も疑わないでやってたと思うんだけれど、すごい幻想を見ていた。いろいろ嘘を言われてイラクに入ったんですよね。ずっと英語のラジオを聞いていて、戦争のときの生のインタビューとかを聞くと、解放軍として本当に歓迎されると信じていたんですよね。そのプロパガンダを信じた兵士は多かったと思うんです。イラクに入ったら花束が来るだろう、独裁制を倒してすごく歓迎されるだろうと思っていたわけです。そうではないとわかったときはかなりビックリしたと思うんです。馬鹿じゃないかといいたいけれど、十八、九歳の子供たちだからわからないわけですね。

だいぶ前から私は言い始めたんだけれど、この戦争に反対しようと思えば、アメリカ大統領に手紙を送ってもいいし署名運動やってもいいし、政府に圧力かけてもいいんだけれど、それよりも一番重要なのは兵士に直接訴えることじゃないかと思うんです。米大統領だとか領事だとか大使だとかは聞く耳はありません。兵士の方が普通の人で、教育すること、ものの考え方を変えることは可能だと思うんです。イラクにいる兵士には不満がいっぱいになっていると聞いています。予備役も行っているわけですが、予備役というのは本当はアメリカに家族があって仕事もあるわけです。半年仕事を休んでイラクへ派兵されるという話だったのが、その半年は一年に延びたわけです。政府はあまり大きく言わないように言ったんだけれど、小さなニュースになったわけです。かなり怒っている人があると思います。

沖縄でまいているビラ

とにかく昨年から私は沖縄でビラを英語でいくつか書き始めています。そして、例えば金曜集会に持っていっています。金曜集会というのは毎週金曜日に米総領事館前に集まる、主に宜野湾市の普天間基地にずっと反対していた人たち、特に女性が多いのですが、誰でも自由に参加できます。だいたい二〇人から三〇人集まるわけですが、先週の金曜日が一一〇回目でした。時々私は新しいビラを持っていって、そこにいる皆さんに渡していますが、熱心に配っている人もいれば配っていない人もいます。直接米兵に渡すこともあれば、それはちょっと怖いから北谷町の大きなデパート駐車場にいってYナンバー車のワイパーの下に入れたりする。それはとても能率がいいです。私は一〇〇枚配ったことがあります。それくらい米兵の車は駐車場にあります。そしていくつかの見本は皆さんに配ったと思いますが、いくつかの種類があります。私が書いたものもありますし、日本語が付いたものもあります。何で日本語がついているかというと配る人が何を配っているか分からないと、配りたくなくなるのは当然ですよね。だから配る人のための日本語なんです。

私が書いたのは、私には沖縄のことを訴える資格はありませんので、この戦争はおかしいとか、アメリカの政策を非難するようなことを書くわけです。沖縄のことは沖縄の人が書かないと意味ないから、それは沖縄の人が書くわけです。その代わりに金曜集会とかいろんなところで、あなたが日本語で書いたら私が英訳しますと言って、そういうやり方でできたものもあります。そしてただ批判してそれで終わりということじゃ残念だから、どこか連絡先はないかなと思って、アメリカの知り合いに調べてもらってアメリカの中にそういう電話ホットラインというのがあると知りました。全国の電話とオークランド（バーバラ・リーさんの選挙区です）の電話番号がありますす。そこの許可を得て、その電話番号と説明を入れているわけです。この間オークランドのホットライン事務所を尋ねて、沖縄から電話はありましたかと聞いたら、どこから電話がくるかは記録していないからわからないという答えだったので、電話があったかどうかはわかりません。とにかくこういう電話番号があるんだということは、電話をしなくても米兵は意識しているわけです。

皆さんに配ったビラですが、大きく書いてある「ヤングアメリカンＧＩ」というのは「私には五人の息子がいますので、あなたのお母さんの気持ちがわかります」と書いてある。それは金曜集会に来る女の人が自分で書いたわけです。日本語で書いたものを私が英訳して、彼女がそれを配っているわけです。だいたいお母さんの気持ちでやっているわけだから、兵士にさわって持たせたりしているみたいです。ビックリするでしょうね。次に全文（日本文のみ）紹介する羊と狼の童話は私が書いた。

すべての米兵へ
狼と羊の寓話を覚えているだろうか。

狼と子羊は小川で水を飲んでいた。

狼は言った。「お前は俺の水を汚している」

子羊は答えた。「そんなはずはありません。私のほうが川下にいるのだから」

すると狼は「六ヵ月前お前は俺を侮辱した」と言った。しかし子羊は「そんなはずはありません。六ヵ月前は私はまだ生まれていないのだから」と答えた。

それで狼は「とにかく、お前はいつも俺たちを侮辱している。したがって、お前を食ってやる！」。そして子羊を食った。

実のところ、狼はお腹がすいていたのだ。今回、新しい寓話ができつつある。

国連安全保障理事会で、コリン・パウエルが「イラクは数十年前からアルカイダと協力している」と言った。

しかしそんなはずはない。一〇年前、アルカイダはまだつくられていない。十数年前、オサマ・ビンラディンはソ連をアフガニスタンから追い出すため、アメリカのCIAの下に働いていた。

「しかしイラクは大量破壊兵器を持っている」

そうだろうか。高度な専門知識を持っている国連査察団はひとつも見つけてはいない。

「それはイラクがずるがしこく隠しているという証拠にしかならない。したがって、イラクを食ってやる！」

実のところ、イラクには大量の石油がある。世界第二位の埋蔵量だ。君はアメリカの石油企業家（ブッシュもチェイニーもそうだ）が他人の石油を盗むのを手伝うために入隊したのだろうか。国連安保理事会はイラク侵略に反対し査察継続を求めている。二月一五日、イラク侵略に反対するため世界中で一〇〇〇万人の人びとがあつまって、史上空前の大規模なデモをした。アメリカ政府は孤独になっている。

ここで提案する。君は行かなくてもいい。行くな。

沖縄金曜集会

良心に顧みてこの石油戦争に参加できないと決めた人または初期除隊その他GIの人権について相談したい人は、この電話番号へどうぞ。GI Rights: ＋1-800-394-9544/＋1-215-563-4620

このビラの意見は必ずしもGI Rights Hotlineのものではない。Hotlineの電話番号はGIの参考のために書かれている。

次に紹介するのも私が書いた。

すべての米兵よ！　これは君のことだ！

五月六日のブッシュ大統領はアメリカは新しくできた国際刑事裁判所に協力しない旨を発表した。

この裁判所は（クリントン前大統領も署名した）国際条約によって設立され、戦争犯罪を裁くことを目的としている。

アメリカはなぜ協力しないのか。アメリカは戦争犯罪に反対していないのだろうか。

ラムズフェルド米国防長官は次のように説明した。「この法廷は、米軍の男も女も裁かれる可能性を開くため……テロリズムに対する戦争の障害となる」（ニューヨークタイムズ五月七日）

これは君のことだ。

戦争犯罪？　何の戦争犯罪？　どういうことが戦争犯罪になるのか？

概して二種類ある。ひとつは、たとえば毒ガスを使う、捕虜を拷問する、女性を強姦する、わざと一般市民を殺す、等の戦争法を破ることだ。

しかしもう一種類ある。国連憲章によると「すべての加盟国は、その国際関係において、武力による威嚇又は武力の行使をいかなる国の領土保全又は政治的に独立に対するもの……慎まなければならない」（国連憲章第二条）。

つまり、国を侵略する等して戦争を起こすことが戦争犯罪だ。ニュールンベルク国際裁判、つまり第二次世界大戦後ナチの戦犯が裁かれた裁判で、これは「平和に対する犯罪」と呼ばれた。つまり「侵略戦争の準備も行使も」（ニュールンベルク憲章第六条）そうなのだ。国際法には、「国益になる場合を除いて」というような例外はない。侵略・侵犯は戦争犯罪になっている。それだけだ。侵略？　何の、どこへの侵略？　新聞を丁寧に読めば、答えが分かる。例えば四月二八日のニューヨークタイムズ：「ブッシュ政権は、イラクのサダム・フセイン大統領打倒計画のため、米軍七万から二五万人による大規模な空軍攻撃と地上侵略という案に取り掛かっている」

なるほどブッシュ政権はアメリカ人を戦争犯罪人として裁く権利を国際裁判所に渡したくない理由が分かる。

しかしこの「二五万人」に君が入るだろう。したがって次のことを覚えておくといい。誰かが君に戦争法違反の命令をしても、その命令に従う義務はない。逆に、そういう命令に従わないのが義務だ。もし従うのなら、君は自ら進んで戦争犯罪の共犯者としての十分な責任を負うことになる。

どうするかは君自身が決めることだ。

健闘を祈る。


このポスターみたいなもの「帝国を作るために戦うのは名誉ある仕事ではありません（FIGHTING TO BUILD AN EMPIRE IS NOT HONORABLE WORK）」というのはちょっと頭に来たとき書いて、自分で国際通りに行って電信柱にいっぱい貼ってた。これはずいぶん怒っているやつだから人に頼んで貼ってもらうわけにはいかないので、自分で貼った。北谷町に米軍がよく遊びに行くところにもたくさん貼りました。次に行ったときみんな破れていたからちゃんと読んでいるなと思った（笑）。

後ろにもいらっしゃいますが、東京にもGIホットラインと自衛隊ホットラインを作ろうという運動があって、そこで使うビラとして作りました。

「心からの訴え」というビラは、平和市民連絡会のあるデモのためのビラなんです。

「質問：今イラク兵士がやっていることは何でしょう？　答え：彼らは自分たちの国を外国の侵略から守ろうとしています」。これはイラク戦争のとき私の責任で電信柱に貼ったわけです。

次に紹介する「自分の知識をチェックしましょう」というのも私が書いた。

▼自分の知識をチェックしてみよう▲

これらの質問のうち、あなたは何問に正確に答えることができますか？
（1）今までの人類のすべての歴史の中で、イラクがアメリカ合衆国を侵略しようとした、または侵略した回数は？　（答え：0）
（2）湾岸戦争に負けてから、イラクが他国を侵略した、侵略しようとした、または侵略すると脅した回数は？　（答え：0）
（3）9・11WTC攻撃事件のときに、飛行機に乗っていたイラク人ハイジャッカーの数は？　（答え：0　最近行われた世論調査でこの質問に正確に答えられたアメリカ人は全体のわずか一七％だった）
（4）イラクとアルカイダの関係を証明しようとしてパウエル国務長官が最近国連で発表した主要な証拠とは？　（答え：アブ・マサド・アルザカウィという、アルカイダのメンバーではないが何か同組織に関連があるらしい人物がバクダットの病院に二ヵ月ぐらい入院

していた〈病気だったので〉)

(5)アルカイダとイラクは「何十年も」協力してきたというパウエルの発言の間違いは?(答え:アルカイダができたのは一九八八年。それ以前になると、オサマ・ビンラディンが協力していたのはCIAです)

(6)パウエルが、イラク政府はニジェールでウランを購入しようとしたことがあるということを証明しようとして提出した文書の問題点は?(答え:その文書は、偽造だったということが判明した)

(7)国連査察団がイラク査察時に発見した大量破壊兵器の数は?(答え:0)

(8)「先制攻撃」を国際法の正確な法律用語で呼ぶと?(答え:侵略)

(9)第二次世界大戦後に東条英機を始めとする七人の日本の軍人が裁判で有罪判決を受け、絞首刑になった時の容疑は?(答え:侵略)

(10)ブッシュ大統領が国連管理下の常設国際司法裁判所を設置するための条約の調印を拒絶し、合衆国はこのような裁判所の設置には協力しないといった理由は?(答え:米軍関係者が戦争犯罪に問われて裁判にかけられる場となる可能性があるから)

正確に答えられた質問が六問以下で、あなたがイラク侵略を支持しているなら、あなたの支持は虚報に基づいたものである可能性があります。ぜひもう一度、事実関係を吟味してみてください。

正確に答えられた質問が七問以上で、なお合衆国のイラク侵略を支持している場合は……

えーと、もうちょっと時間をかけてとくと考え直してみてはいかがでしょうか。

あなたが良心と照らし合わせてこの石油戦争に参加できないと決め、早期除隊などのGIの権利に関する情報がほしい場合は、GIの権利ホットラインへお電話を（＋1-800-394-9544／＋1-215-563-4620）。このチラシに書かれた見解は、GIの権利ホットラインのものと同一というわけではありません。


金曜集会の許可を得て、自分で金曜集会の文字を入れて配ったビラです。

知花昌一さんたちが配っているビラもあります。

もうひとつありますが持ってこなくて、ユイマールという会社があります。いろいろ観光客に物を作ったり売ったりする会社なんだけど、かなり反戦思想が本部に入っているわけで、彼らは小企業の立場からビラを書いて、毎週日曜日社員が配っている。


夢のような話……

このいくつかはピープルズ・プラン研究所のメーリング・リストに送ったことがあります。もし気が向いたら自分のところでプリントアウトして、どうぞ自由に使ってくださいと書いたのですが、横須賀とかどこかで使ったと聞いたことがあります。

今のところこの程度のことで、まだ米兵の中にどんな効果があるかはわかりません。沖縄では、ある若い米兵が英語で「私もそう思います。これは私のやりたい戦争ではありません」と返事を書いてきたことがあって、配っている人たちはそれを聞いてとても元気になった。それ以外の答えはあまりないけれど、もちろんすごく怒る人もいるし、最初電話番号を入れるという意見があって金曜集会の人の電話番号を入れたのですが、すごく汚い嫌がらせ電話が留守番電話に入っていて、それから書くのをやめました。けれどもそういう反応は当然あるわけで、人間の意識を変えるのには時間がかかる。私は海兵隊でしたけれど、それを信じて「なるほど私は今まで間違っていた、やめましょう」ということはありませんよね。ビラ一枚読んで自分の根本的な考え方を変えるということはありえない。あったら怖い、逆にそういう人間は心配になるわけですよね。これを読んで怒って破って捨てるとしても、中身はそう簡単に忘れるわけにはいかないと思います。いろいろな経験があって、実際戦場に行ってみて、なるほどあのビラはこのことを言っていたんだなとか、思い直したりする。

一回意識の中に疑問が入れば、そして軍をやめる方法があるということがわかれば、そういう情報が意識の中のどこかで働き続けるのではないかと思います。そういう意味で配るのは重要ではないかと思うんです。

ちなみにアメリカの法律では軍隊に入っても、今徴兵制ではなく全部志願制ですので、志願して入隊してから良心的戦争協力拒否でやめるということは難しいけれど、法的には可能です。これはベトナム戦争時代に勝ち取った軍事法の成果なんです。志願することで自分が暴力を使っていいという契約をしたわけですから、途中でやめるわけにはいかないというのがベトナム戦争以前の考えだった。しかし、実際の戦争を見るとできないということがわかるとか、そういうことが可能であると法律が認めているわけです。その手続きはとっても難しいけれど可能なんです。そしてほかにやめる方法があるわけです。自分の家族が困っているとか、あるいは自分の健康が崩れているとか、いくつかやめる方法があるわけです。アメリカのGIホットラインの方たちはとても詳しいです。この前会ってきて、いろいろな資料をもらいました。彼らが作ったホットライン・ハンドブックを一部もらったんですけど、電話帳サイズで難しい電話がきたらぱらぱらと開けて調べているみたいです。

そういうことをやっていますけど、どういうことを米兵に訴えるべきか。そして自衛隊員の場合どういうビラを書けば一番効果があるのか、皆さんの意見を聞きたいですね。このビラの見本を読むとわかりますけれど、私が書いたのは結構ドライな冗談とか皮肉を言ったり論理的なんです。沖縄の人たちが書いたのは感情的、「心」という言葉を使ったりして「人を殺さないでください」とかそういう訴え方の違いがある。どちらがいいかというとおそらく両方あったほうがいいと思いますけれど、さまざまなメッセージがあるといいと思うんですよね。

私が書くとアメリカの作戦の矛盾とか嘘とか事実ではない情報をばらすとか、大量破壊兵器はなかったとか、そういう書き方をする。沖縄なら沖縄の歴史から訴えることが当然なんですよね。自分の体験である沖縄戦の話からはじめる。米兵は考える能力がないとか道徳的に悪い人だという書き方は、あまり効果はないでしょうね。考える能力はあると思うし、ほとんどの米兵はいいことをやっていると信じてやっていると思う。悪いことをやりたいからやっているという意識の人は少ないでしょう（おそらく少しはいるけれど……）。

夢のような話だけれど、沖縄で米兵が一歩外に出ればビラが配られ、反戦看板があり、そういう風に圧倒されるような文化になったらいいな。そうすると沖縄が使えなくなる。そう簡単に実現することではないけれど、さまざまなメッセージがあるといいと思います。

※ これは、アジア平和連合〔ＡＰＡ〕ジャパン主催の九・一四討論集会「平和運動は戦争へ向かう自衛官、米兵にどう働きかけるのか」での著者の発言を『ピープルズ・プラン』編集部の責任でまとめたものです。

アメリカの完全敗北か

英語圏で、イラクの戦争に関する最も正確で良心的な記事を書いているのは、イギリスの「インディペンデント」特派員であるパトリック・コバーン（Patrick Cockburn）だろう。彼は一九七七年からイラクについて書いており、他の（米軍と組んでいない）記者のほとんどが避難していた最も戦争が激しい時も、イラクに残っていた。

そのコバーンが、最近爆弾記事を書いた。タイトルは「アメリカのイラクにおける完全敗北」（London Review of Books. 二〇〇八年一二月一八日）である。先月イラクで批准された地位協定（SOFA）が、アメリカの敗北を意味する、というのだ。コバーンの記事を引用する。

「一一月二七日、イラクの国会が、アメリカとの地位協定を、大多数で可決した。その協定には、イラクに派兵されている十五万の米軍が、イラクの市町村から二〇〇九年六月までに、イラク全土から二〇一一年一二月三一日までに撤退する、と規定されている。今から（＝二〇〇八年一二月一一日現在から）数週間後、アメリカのイラクでの権力であるグリーン・ゾーンの軍事的責任はイラク政府に移る。民間の警備会社（＝傭兵）は法的免除を失う。米軍の軍事行動やイラク人の逮捕は、イラク政府の許可を必要とする。三年後米軍が撤退する際米軍基地を残さないし、その前にイラク領土から別の国への軍事攻撃は禁止される。」

これはアメリカの敗北だろうか。反対意見も成り立つ。つまり、アメリカはフセイン政権を倒し、相対的に民衆政府を作り、そのイラク政府が国を統治できるほど強くなった段階で主権を返し撤退することは、大成功ではないか、という反論だ。それがアメリカの本当の戦争目的であるなら、その通りかもしれない。ところが、コバーンが書いたように、アメリカの戦争目的が「イラクに準植民地支配を確立する」ことであるならば、確かにこれは敗北だ。

そうであるならば、なぜこのアメリカの敗北がそれほど話題にならないのだろうか。コバーンによると、一つは、協定がイラク政府の批准を得た時、新聞はちょうどムンバイのテロ事件でいっぱいだった。また、世界はブッシュ政権の失敗話にあきていて、未来の希望にあふれた（と思われている）オバマ政権に注目が集まっており、イラクの話はあまり耳に入らない。それに「超大国アメリカが戦争に負けるわけがない」という固定観念も働いているのだろう。

琉球新報社から二〇〇八年の池宮城秀意賞を授与された、オンライン雑誌『ジャパン・フォーカス』がこのコバーンの記事を転載しているが、編集者のマーク・セルデンさんによる前書きが興味深い。米軍を受け入れている何十カ国がこの新協定を見て、自国とアメリカとの地位協定の改定を要求するようになるのではないか、と。すなわち、自国の米軍に対する管理権を強化し、米軍が撤退する明確な日付を規定するように。このように、この地位協定が、世界の規範になったらどうなるか、ということだ。

アメリカのイラク侵略は、アメリカの絶対的力を世界に示すデモンストレーションのはずだった。ところが、このイラク・米地位協定を見て「なんだ、あんなにやられても米軍を国から追い出すことができるんだ」と思っている人が多いだろう。

3

沖縄・基地・差別

「日本」というあり方

「日本人」とは誰か、という問いに対して、これまで地理、歴史、文化、言語、思想などを中心にした答えはあった。このエッセイで、私はそのような総合的な「日本人論」を提起するつもりはない。ただその問いを考えた場合、忘れられがちな側面について書いてみたい。

「われら」(1) ―日本国憲法の日本

憲法といえば、政府のあり方を定める法として考えるだろう。だが、憲法には同時に、政府と国民との関係、国民の政治的なあり方・性格を決める側面もある。

その意味で、私は日本国憲法でもっとも重要な言葉は前文にある「われら」だと思う。

大日本帝国憲法の最初の言葉は「朕《ちん》」である。「朕」とは言語学的に興味深い言葉だ。それを正しく、つまり一人称として言える人間は一人しかいない。この「朕」は大日本帝国憲法の主語である。構文論的に、大日本帝国憲法はこの「朕」によって語られる、つまり命令する文だ。「この国の憲法はこれである。第○○条は○○である」などは「朕」が決める。だから明治時代の法学者には、天皇には憲法を守る義務がない、つまり、命令する人には自分の命令に従う義務はない、という学説があった。

大日本帝国憲法は、人民の政治的性格を「臣民」と決めた。『広辞苑』は、「臣民」を「明治憲法のもとで、日本の人民。天皇・皇公族以外の者」と定義する。なるほど、明治政府は、日本人は大昔から天皇の下の臣民だったと説得しようとしたが、そうであるならば、それを表現するための新しい造語は必要なかったようだ。結局、「臣民」という言葉の生命は日本史の中では短かった。

現在の主権在民の憲法では、「朕」は「われら」によって置き換えられている。大日本帝国憲法と同じように、日本国憲法は命令ではあるが、命令する者は「われら」、つまり人民である。ここで私は、占領軍の権力や「押しつけ憲法論」を忘れたわけではない。しかし法律文書として、日本国憲法は人民による政府に対する命令となっている。「この国の憲法はこれである。政府には○○という権限を与えるが、○○という権限を与えない」などという文体だ。

日本国憲法は政府の権力を徹底的に制限するだけではなく、その権力はどこからくるか、という考えを変える。しかし、政府を再構成するなら、人民を再構成することにもなる。「この人たちは、誰なのか」という問いに対する答えが変わる。その再定義は「われら」という言葉にある。

日本国憲法にある意味での「われら」と発言できる存在は、大日本帝国憲法の下の日本にはいなかっただろう。つまり、日本国憲法にある「われら」は、定義として「日本人民」という意味だが、構文論的に一人称で語っている。しかし、大日本帝国憲法時代、人民が声を合わせて一人称として発言するきっかけも概念もなかっただろう。憲法前文を読むためには、新しい形の人民、「われら」としての共同体が必要になる。そしてこの「われら」が現れたことによって、「臣民」という言葉は憲法から消え、日本の政治用語の語彙から消える。

この一人称の「われら」は想像上の存在だ。国民全員が時計をあわせ、同時に憲法を朗読したことはない。しかし、政治的な共同体のすべてはなにか想像上のイメージに基づいている。そのようなイメージを通して、「想像の共同体」が自らを想像するのだ。そして、その想像上のイメージがどのような形になるかによって、本当の効果がでる。自分が無力な臣民の社会の一員だと想像すれば、黙って政府の命令に従うことが多いだろう。自分が主権を握っている共同体の一員だと想像すれば、その政府を批判、抵抗したりする能力（勇気や判断力）を自分の心の中に見つけるだろう。

もちろん、これは必然ではない。王国制や独裁の下で「臣民」の役割を断る人がいると同じように、主権在民の政府の下でも「臣民」の生活を続ける人もいる。しかし、自らを主権者として想像している共同体では、「市民」という種類の一員と、「市民社会」という社会の形態が育つだろう。

日本国憲法には「市民」や「市民社会」という言葉はないが、その模範がある。憲法には、自分の思想を自分で考える人、自分の宗教を自分で選ぶ人、自分の考えを話したり書いたりする人、労働組合その他の結社に参加する人、つれあいを自由に選ぶ人、差別をしない人、批判がある場合、政府に請願したり反対運動を起こす人、そして「不断の努力によって」、この自由及び権利を保持する人としての「市民」が明確に描写されている。

言うまでもなく、そのようなことを憲法に書くだけで、必ずそのとおりになるわけではない。しかし事実として、戦後、このように考えたり行動したりする人が増えてきた。興味深いことに、市民社会の活動に困る保守派の政治家が、市民社会を押さえるための憲法にしようとする動きが、日本の市民社会をさらに活発にした。りっぱな逆効果を生んだのだ。

だが、すべての国がそうであるように、日本での市民社会も脆いものだ（勇気が必要なものはすべて脆いだろう）。市民活動は「いけない」ものだという倫理観はまだ強い。保守勢力は憲法を変え、その市民活動を支える柱のひとつを抜き、日本をまた臣民の国に作り直そうと思っている。これは簡単ではないが、不可能だともいえない。

「われら」（2）―帝国（のほとんど）を失った日本

第二次世界大戦後、日本の「われら」にはもうひとつの変化があった。一九四五年、日本国の人口は大幅に減った。「大日本帝国」の人口は一億以上だったが、一九四五年の日本の人口は七千万ぐらいになった。戦前の世界地図を見ると、大日本には、朝鮮半島、台湾、南樺太、千島列島、そして琉球列島が入っている。そこに住んでいた人たちは、大日本帝国憲法の下で、日本の「臣民」だった。それを変えたのは日本国憲法ではない。日本政府がポツダム宣言をのんだ日、「日本人」とは誰か、という問いへの答えが変わった。その多く、特に朝鮮人にとっては解放だった。同時に、日本にいる台湾人と朝鮮人にとっては、突然に入国書類を持たない「外国人」に変えられた、という意味だった。

そして沖縄の人々にとって、どういう意味だったか。台湾人や朝鮮人と違って、自分の国の国民になったわけではない。「沖縄」という国は存在していなかった。入国書類なしで日本に入れなかったので、「日本人」という資格もなかった。アメリカに統治されていたが、アメリカ国民や臣民の資格も与えられなかった。歴史的にも文化的にも沖縄人はそれでも日本人だったと主張する人もいる(そうではないと主張する人もいるが)。けれども、法的には、第二次世界大戦が生んだ何百万人の国のない人々として数えられるべきだろう。ただ沖縄の特徴は、国を失った他の人々の多くは、生まれた場所から追い出されて難民になったが、沖縄の人たちは沖縄に残ったまま難民になったことである。

とにかく、日本で新憲法が作成されていた時、沖縄の人々はその「われら」に入っていなかった。憲法の議論に参加できなかった。長々と辛い闘争をして、やっと日本国憲法は沖縄へ「来た」。それが復帰運動だった。

（元）大日本

日本人論ブームの時代、研究者は日本の古代史、中世史を調べ、武士道、禅宗、和、聖徳太子の思想などのなかで、日本的性格の秘密を探した。近現代史から説明しようとする者は少なかった。しかし、急速な近代国家への再組織、急速な産業化、急速な軍事化、急速な「偉大」な帝国の取得、そしてその急速な損失——次々と続いたこの激しい経験が戦後日本社会に深い影響を与えたにはちがいないだろう。

ここで考えたいのはその最後の二つ、つまり「日本人」といわれる人の数の急速な拡大と縮小のことだ。

もちろん、当時の朝鮮人、台湾人と沖縄人は、法の下で大日本の「臣民」であり、「皇民」であった。そして彼らは「本土」の日本人のように話し、行動し、考えるようになるために、同化・皇民化教育を受けていた。同化・皇民化教育のもっとも重要な目的は、彼らに、自分が日本人であることを信じこませることだっただろう。

沖縄の場合、この教育はかなり成功したといえるだろう。朝鮮半島の場合、あと数十年間続けたなら、どれだけ成功したのだろうか。ハングルが日本語の方言と思われるようになっただろうか。朝鮮文化は日本文化の一部だと考えられるようになっただろうか。朝鮮半島は「癒しの半島」だといわれるようになっただろうか。

もちろん、多くの朝鮮人はそれを否定し、この問題提起自体に怒るだろう。しかし、これは、そんなことが起こりえたかの議論ではない。要は、それは起こらなかった、ということだ。なぜそれが重要かというと、それは起こるべきだったからだ。その結果を起こすのが、同化・皇民化教育の目的だった。それが起こらなかったことは、今日の朝鮮人にとって（当たり前だが）大きいだろう。今日の日本人にとっても、それは同じぐらい大きいのではないだろうか。

つまり、「日本人」だと思われた数千万人の「不在」が、国民の意識に影響を与えることがあるのではないだろうか。

その不在の影響はどのような形になっているかについて、私はきちんと研究をしていないのだが、いくつかの試験的なことを言ってみよう。例えば、日本人の以下の発言を聞いたことがある。つまり、「台湾人と朝鮮人は日本の臣民だった時代のほうが恵まれていた（彼らの道路や鉄道は全部日本が作った！）だけではなく、彼らは日本の臣民であることが当たり前なので、そうではない振りをするのが図々しい」と。もちろん、そんな失礼なことを堂々と言う人はほとんどいないし、そう考えない人も多いだろう。しかし、何かを考えているはずだ。

次のことを考えてみよう。

多くの劣っている（と思われた）人々の上に支配者（となっていた）民族がいた。

この文を逆さまにしてみる。

多くの劣っている（と思われた）人たちがいたおかげで、彼らを支配している民族が自らの優位性を信じることができた。

ところが、その支配の対象がなくなった場合、元支配者はどう反応するだろうか。以前の優位性をあきらめて、平等の原理を認めるか、それとも（イギリス人やフランス人のように）帝国は破壊されても自らの優位性を信じ続けるか。

前者、後者、その間で揺れる人もいるだろう。しかし現在、東京都の有権者が、日本に残っている元臣民を「三国人」と呼んでいる人を知事として当選させるという事実で、ここで指摘しようとする現象は実際に存在しているということがわかるだろう。

同化・皇民化教育を受けていた「二流臣民」は、一九四五年の段階で、日本民族から離れ、別の国の国民になったと書いたが、言うまでもなく、その中の一つは戻ってきた。それが沖縄だ。沖縄の復帰は沖縄にとってよかったかどうかに関して議論があるが、ここで問題にしたいのは、復帰が日本の自己意識に対してどう影響をしたかということだ。帝国の下で支配していた地域をすべて失うことと、その一つを持ち続けることとは、かなり違うだろう。「沖縄大好き！」と言い出す日本人が多いのは当然だ。そして、あんなに多くの日本人（毎年沖縄の人口の四倍ぐらいの数）が沖縄に観光する理由もわかるだろう。美しい海ではなく（本土にも美しい海はある）その純植民地的な雰囲気が魅力なのだろう。沖縄が日本に戻ってくることによって、日本人の優位民族の自己意識の具体的な対象が帰ってきた。それを感じさせることが沖縄の「癒し」だろう。

「安保」の日本

日本国憲法は戦後日本人の思想と行動に大きな影響を与えたはずだと書いた。しかし、憲法と同じぐらい、あるいはそれ以上の権威をもつ法律文書がある。それが日米安保条約だ。

この安保が、戦後日本人の自己意識に与えた影響は何だろう。

普通の、安保に反対しない日本人に、日本にある米軍基地について意見を聞くと、以下の四つの答えのうちの一つが返ってくるだろう。

(1) われわれにとって米軍基地は不要だが、アメリカのような強い国の要望を断ることは無理だろう。

(2) 日本を敵国から守れるのは、アメリカだけである。

(3) 安保条約があって始めてわれわれの大事な平和憲法を守れる。

(4) 米軍基地がなければ、日本の右翼は復活し、また軍国主義の国になる。

この答え方の共通点は、アメリカに対する下位意識だ。日本の国益計算も入っているが、裏にその下位意識がある。この文脈の中、「沖縄の癒し」はありがたいだろう。その侮辱的な米軍基地のほとんどを沖縄に置くと、侮辱感は減る。安保条約の具体的な結果、つまり基地と米軍は本土で薄い存在になる。沖縄にある基地を見に行く楽しみもある。日米安保条約の恥は日本の恥ではなく、沖縄の恥だ、と。そして、沖縄にある米軍基地は、日本の沖縄に対する優位性の具体的な証拠だ。それを見ることで、日本の優位を肌で感じることができる。日本人が「沖縄大好き」と言い、行くと気分がさわやかになるのは、「無理のない」ことだろう。

新憲法の日本?

以上のことを、憲法第十四条(平等・反差別)から考えれば、深刻な問題になる。日本の市民社会には、そのような問題を取り上げ、議論し、解決を求める能力はあるだろう。しかし心配なのは、保守勢力が進めようとしている新憲法案には、そのような能力のある市民社会を覆し、臣民社会を復活させるための条項が並んでいることだ。新憲法案が実現されれば、〝日本〟とは、どんな国になるのだろう。

植民地としての軍基地

チャルマーズ・ジョンソンの新作品である『帝国の悲しみ』（*The Sorrows of Empire*, New York, Metropolitan Books, 2004.）には、興味深い仮説が提案されている。アメリカの海外にある米軍基地が帝国のための手段だけではなく、基地自体が既に帝国になっている、ということだ。本の第二章「基地帝国」で、ジョンソンは次のように論じる。つまり、それぞれの基地ができた時、実際の戦略的な目的のためだったかもしれないが、できてしまえば基地自体が目的となり、米軍部がそれを維持するために新しい理由付けを工夫し続けている。

自分の帝国を維持するために、それぞれの基地が作られたきっかけとなっていた戦争や危機はとうの昔に蒸発してしまったとしても、ペンタゴンはその基地を手放さないような新しい理由を絶えず発明しなければならない。

興味深いことに、その基地はアメリカの帝国ではなく、アメリカ政府の帝国でもなく、ペンタゴンの帝国だと、ジョンソンは見ている。

ジョンソンはアメリカの海外基地の問題に興味を持ち始めたのが「一九九六年二月、私は我々の事実上の軍事植民地である沖縄を初めて尋ねた時」だったという。一九九五年の少女暴行事件のあと、当時の太田昌秀県知事に呼ばれたそうだ。ジョンソンは事件の現場となった金武町（金武町の土地の多くがキャンプ・ハンセンに取られているが）を尋ねて、そこで見たことによって「深く戸惑った」という。戸惑ったのは基地の醜さと傲慢さだけではなく、「島の最も選り抜いた土地の二〇%に三八の別々の基地を配置することが、真剣なアメリカの戦略で説明できるはずがないという事実」だった。

ジョンソンは米軍基地問題を研究し始めたが、だんだんと「沖縄は典型であって、ユニークではない」という結論を下した。

「[沖縄]にある状況、つまり島のもっとも豊かな土地を基地のために収用され、住民に対して犯罪を犯した米軍のための治外法権地位が保障され、基地の正門の周りにバーや売春宿が集中して、果てのない事故、騒音、性的暴力、飲酒運転による交通事故、麻薬使用、環境汚染などが、米軍基地が存在するいたるところでは必ず伴うことだ。」

韓国、ドイツ、イギリス、イタリア、バルカン諸国、ペルシア湾諸国、中南米その他にある米軍基地と比べれば、「島の狭さの割に基地の多さということ以外に、沖縄は珍しくない」という。沖縄は「原則を実証する例外」ではなく、原則の本質をはっきり見えるようにする極端な例であるというジョンソンの指摘は正しいだろう。米軍基地は植民地であり、そこに住んでいる米軍や民間人（または基地の外にある、基地従属のアメリカ共同体の中に住んでいる元米軍などの人々）はコロンとして住んでいる。その洞察から、それ以外の海外米軍基地も植民地で、全部合わせると「基地帝国」となることも分かる。

アメリカは（少なくとも）三八ヵ国で（少なくとも）七二五の海外軍基地を持ち、そこには五〇万余りの軍人や民間人が派遣されている。制度的にその基地は政府の一部ではあるが、社会的にはアメリカ社会の一部、つまりサップソサイエティー、でもある。大きな基地のなかには、社会的らしい生活をおくるための必要なもののほとんどが整えられている。つまり住宅、ショッピングセンター、学校（保育所から大学まで）、教会、病院、カウンセリングセンター、バーとレストラン、虐待された女性や子どものためのホットライン、警察、裁判所、刑務所などがある。米軍が世界中の二三四ヶ所でゴルフ場を経営している、とジョンソンはいう。米軍はアルプスにあるガルミッシューではスキーリゾートを持っているし、沖縄では最も高級なビーチやダイビングエリアも米軍のものだ。

米軍基地には観光産業もある。ミリタリ・リビング出版という出版社は『米軍の、海外米軍基地旅行ガイド』（William “Roy” Crawford and L. Ann Crawford, *U.S. Forces Travel Guide to Overseas U.S. Military Installations*, Falls Church, Va.: Military Living Publications, 1996.）と

いう本を出している。そこには、観光客を受け入れるための設備を持っている、二六ヵ国にある一二五の軍基地が紹介されている。GＩか元GＩは、米軍の空席待ちサービスを利用して、航空運賃なしで世界旅行ができる。米軍はバカンスしている高級将校を運ぶため、一〇〇機以上の小型旅客ジェット機も持っている（そういえば、普天間基地にそういうのが出入りしているのを見たような気がする）。

基地を合わせれば、ひとつの「世界」となる。その中で住み切ることが可能だし、そうする人もいるだろう。しかし、基地社会がアメリカ社会の一部ではあっても、社会として欠如もある。たとえば、ホームレスは勿論だが、失業者とか、失業保険や生活保護、あるいは年金で生活する人がいない。年寄りもいない。ゲイ文化は隠れてあるが、公にない。労働組合や権力に対する組織された抵抗が存在しない。民主主義もない（アメリカ兵は十八歳なら参政権はあるが、選挙運動への参加が禁止されているし、軍事司令官が選挙で選ばれているわけではない）。「市民社会」といったものが存在しない。米軍は普通のアメリカの民間人と別の法制度にいる。民間人なら合法で当たり前の行為でも、軍人なら犯罪であるのもある。例えば仕事がいやになったから辞めるということは「脱走」になる。上司に言い返したり、命令を疑ったり、敬礼を忘れたりするのは、反抗罪となる。政治活動は堅く禁止されている。GＩにはビラやパンフレットを一枚持つ権利があるが、二枚以上持つと配る意図があると疑われる恐れがあるので、危険だ。

それから、基地のなかでサービス産業はあるが、生産労働をする人がいない。農業がないのは勿論だし、なんの生産物もない。基地はたくさんの産物を輸入するが、輸出するものがない。基本的に基地の中で二つの行動しかない。つまり、戦争の準備、それから戦争の準備からの休暇、レクリエーション、である。基地生活は贅沢に見えるにも関わらず、どうして殺風景であるかという謎の答えのひとつは、この生産労働の完全な欠如にあるだろう。

勿論、以前のヨーロッパ、アメリカ、日本の植民地では、コロン自身は生産労働をしなかったが、他の人の生産労働を経営していた。ここのところが、以前の植民地と「植民地としての基地」との大きな違いである。米軍基地が回りの社会から富を引き出して本国へ輸出するように組織されていないし、実際やってもいない。基地の中にあるサービス産業のために現地の労働力を搾取し（それが基地の中の「植民地生活」の雰囲気に貢献する）、沖縄にある基地のように、高級な土地を占拠して現地の社会をより貧しくすることもあるが、現地社会から余剰価値を引き出して本国へ送るようになっていない。むしろアメリカの民間企業がそれをできるような環境を守るのが仕事だ。アメリカの納税者（日本の基地の場合、日本の納税者）のお金を使い、世界の七二五ヶ所で座り込み、回りを威嚇し、そして（最近これは増えているが）時々その威嚇を実戦の形で実現する、という存在だ。

ところが、沖縄はユニークではないというジョンソンの指摘は、マルクスの原則、つまり「量は質なり」、を無視している。雨と風の量だけしか違わないと言っても、小雨と台風は別だ。同じように、例えばイタリアにある米軍基地を植民地だと言っても、その存在はイタリアの政治や生活を圧倒していないし、イタリア全体が「事実上のアメリカの軍事植民地」と、だれも言わないだろう。だが、沖縄では、戦闘機や輸送機の騒音から逃げるところもなく、基地に関する記事が新聞に載っていない日もなく、基地問題に触れない政治家の選挙運動もなく、六〇歳以下では米軍基地がなかった時代を覚えている人間がいない。

それから、米軍の沖縄に対する特殊な独占的所有感（以下参照）のためでもあるが、沖縄の基地の周りに、商売をしたり年金生活をしたりしている元米軍でできた、二次的な植民地社会もある。その人口は分からないが、少なくとも Island Mart という週刊英字新聞（主に広告）と Japan Update というオンラインチャットホームページが成り立つ位の人がいる。そのミニ社会のなかには沖縄に長く住んでいる人が多いが、社会として頑固に英語中心なようだ。沖縄の商業会議所の元所長（本人が五〇年間沖縄に住んでいる）に聞いたところ、自分以外に日本語の新聞を読める会議所の会員が一人位と言った。通訳を通して商売し、生活する、と言った。彼らは、一種の幻想上の「植民地沖縄」に住んでいるらしい。特定のレストランや店や遊び場に出入りして、普通の沖縄社会とあまり接触しないように生活しているらしい。「基地がなくなれば、我々が知っている沖縄は死ぬだろう」と、商業会議所の元所長が私に言った。「我々が知っている沖縄」とは、基地と沖縄社会の間に存在する、幻想上の英語圏沖縄を意味する。その存在は基地に従属しているので、基地が消えれば確かにそれも消えるだろう。

沖縄の米軍基地とそれ以外の海外米軍基地とのもうひとつの違いがある。米軍が第二次世界大戦で攻撃して、軍事行動で勝ち取って、そしてそのまま自分のものにしたのは沖縄だけだ、と米軍が思い込んでいる。米軍の中に、特に海兵隊のなかで、沖縄は基本的に米軍の所有物だという意識は強い。アメリカの民間社会の中にも、そのような考え方がある。何年か前アメリカで、私は知り合いと以下のような会話をした。


「沖縄にすんでるんだってね」

「そうよ」

「米軍基地がいっぱいあるんだってね」

「いっぱいあるよ」

「現地の人はイヤだろうね」

「そうよ。だって、カリフォルニアにどこか外国の軍基地がいっぱいあれば、カリフォルニアの人もイヤだろう」

(しばらく考えてから)「まあ、彼らは負けたさ」


これはかなりのシャレだと思い、彼は嬉しそうに笑った。そしてアメリカの沖縄に対する態度の深層をうまく貫いたという意味で、かなりのシャレだった。最近私は、上述した沖縄の英語のオンラインチャットホームページ Japan Update で実験してみた。次のようなメッセージを送った。

アメリカの国防省から給料をもらっているみなさんに聞きたいことがある。アメリカが沖縄に軍基地を置くことをどうやって正当化できると思うか。一体その権利がどこからくるのか。この問題について不安になることがあるのか。あるなら、あなた方は自分にどうやって説明するのか。本当に知りたいから。

いろいろな答えが来た。基地がないと北朝鮮か中国か台湾（ママ）が侵略するだろう。基地がないと沖縄の基地労働者、特に芝生を刈ってくれる庭師、は職を失って、沖縄の経済は破産するだろう。基地反対デモに参加している人は沖縄人ではなく、本土日本の左翼団体が沖縄へ送る人だけだ。「僕の妻の叔父さんが、基地に反対していないのに、村の圧力で反対デモに参加させられた」などなど。法的に米軍基地の存在が国際条約に基づいていることを思い出した人が一人だけいた。しかし最も興味深い答えは以下のとおりだ。

「友よ、これは戦利品だ。第二次世界大戦中、アメリカが沖縄を勝ち取った。この岩をゲットするために、多くのアメリカ人が命を失った。アメリカの領土になった。アメリカは親切に沖縄を日本へ返したが、それにはアメリカの利益を守るために軍基地を残してもいいという条件が付いていた。やろうと思えばそのすべてを持ちつづけることができた（アメリカ領土であるグアムでやっているように）ので、その時の同意によって我々が持ちつづけてもいいとなっていたものを持ちつづける権利が当然あるのだ。」

これは征服権の論理の原型だ。ある土地を戦争で勝ち取った事実から、その土地に対する所有権が生まれる、という考えだ。アメリカのグアムに対する所有権も同じ論理に基づいているという、以上の文を書いた人の主張は正しいが、しかしそれは第二次世界大戦ではなく、その半世紀前の米西戦争の時だった（その戦争でアメリカはスペインからグアムだけではなく、フィリピンもプエルト・リコもキューバも勝ち取った）。そして征服による「絶対権利」が、相手の存在を管理する権利と交換できるという論理も新しくない。イギリスの自由主義哲学者ジョン・ロックがその論理を使って、戦争で取った捕虜を奴隷にすることを正当化した。つまり、戦争では相手を殺す権利がある。もし殺すかわりに生かして、そして奴隷にすれば、相手には文句を言う権利がない。殺そうと思えば殺せたが、その殺す権利を人道的に放棄して、ただ奴隷にしただけだ、という論理だ。（John Locke, *Two Treatises on Government*, rev. ed. with an introd. By Peter Laslett, New York : New American Library, 1963, 12, 13 段落.）上で紹介した論理と似ている。つまり、アメリカが沖縄を戦利品として丸ごともらってしまう権利があったにも関わらず、人道的にその権利を一部放棄して、沖縄の主権を（沖縄人へではなく）日本へ返して、そのかわりに基地だけを置く権利を持ちつづけた。この論理でいくと、アメリカの沖縄に基地を置く権利は日米安全保障条約に基づくものではない。むしろ、復帰の時点、アメリカは沖縄にたいして戦勝者としての絶対権利を持っていた。復帰の際、その絶対権利の一部を返したが、一部、つまり基地を持つ権利、を返さなかった。したがって、基地外の沖縄の主権を日本へ渡したが、基地の中の主権は渡していない。基地の中が、上で紹介した人が簡潔に書いたように、そのままアメリカの領土、つまり戦利品だ、という論理である。

ここまで書いたら、一三日の金曜日事件が起こった。普天間基地に配備されているCH53D大型運送ヘリが、沖縄国際大学の研究塔に衝突して、墜落した。三つの大きな爆発があって、黒い煙が空まで舞い上がった。乗組員の三人が怪我をしたが、学校が夏休みに入っていたせいで、民間人の怪我はなかった。ところが、海兵隊が大学と基地の間にある金網(大学と基地が背中合わせになっている)を登って、現場を占拠した。入る前に、海兵隊が学長、宜野湾市長、県知事などに許可を求めたわけではない。黄色いテープで警戒線を引いて、それを守る武装されたMPを並べて、破壊されたヘリの破片を持って帰り始めた。火事を検査する職務となっている消防隊、過失犯に関する証拠を調べる職務となっている警察も含む、すべての人の立入りを断った。沖縄警察が現場を検察するように「申し入れた」が、海兵隊がゆっくり検討してからといって、断った。

ここで米軍の、自分の沖縄に対する権利についての考え方がはっきりと見えてきた。戦前ドイツの政治思想家カール・シュミットの格言を思い出す。つまり、「主権者が例外を決める者だ」、である。(Carl Schmitt, *Political Theology : Four Chapters on the Concept of Sovereignty*, trans. George Schwab, Cambridge, Mass. : MIT Press, 1988, P. 5.)つまり、法によって予測された状況しか起こらないかぎり、法と官僚が主権を握っているという幻想が続いて、本当の主権者が見えない。法に予測されていない状況が起きた際、本当の主権者が表れて、決定を下す。米軍の日本での様々な特権が地位協定によって定まっているが、ヘリが大学の中に墜落した場合に関する手続きははっきり書いていないらしい。その時、海兵隊が誰の許可をも求めず、大学を占拠すると決めた。これは米軍の沖縄に対する主権の主張だ。勿論、ナチドイツに協力したシュミットの理論を鵜呑みするわけにはいかないし、米軍の沖縄に対する主権の主張を認めるわけでもない。ここで取り上げているのは、沖縄の本当の主権のことではなく、米軍の沖縄に対する考え方、である。そして米軍は、沖縄の基地の中だけではなく、沖縄全土の潜在的な主権を握っているとまだ思い込んでいることが、一三日の金曜日事件で暴露された。それから日本政府はそれに対してあまり真剣に文句を付けなかったことによって、米軍の沖縄に対する事実上の「主権」を許してしまった。

また、この事件は、もし沖縄にいる米軍が直接戦争に関わることがあれば、沖縄がどう扱われるかという予告編でもあった（「直接」とは、近くの東アジア、という意味だ。沖縄にいる米軍は既にアフガニスタンとイラク戦争に関わっている）。

上述したように、沖縄を含む、海外にある米軍事基地は、アメリカ人がかすかしか意識していないアメリカ社会の一部である。それとして、その基地は社会的な機能を果たしている。階級社会のなかで治安を守る有効な方法の一つは、最も貧しく、差別されているグループに、さらに地位の低いグループがいる、と説得することであるのは、周知のとおりだ。米軍に志願する人たちの多くは、アメリカの最も貧しく、差別されているグループからくる、ということもよく知られている。新しく入隊した志願者の多くは、仕事を持ってなく、持つ希望もあまりないティーンエージャーだ。海外の軍事基地へ派兵された時は、彼らにとって、一生で唯一の、人々を威圧する、あるいは、支配者側に立つ、経験だろう。もちろんこれは代理体験であり、幻想ではあるが、帝国の力が自分の個人的な力になると感じるのだ。その力が自分の体の中にで流れているような気分になり、特に男性の場合、それは性的能力になると感じる。そしてこのことは、このような直接的な経験を通して記憶に焼きついてしまえば、アメリカへ戻ってきて、労働階級や底辺階級の一部として組み込まれる。最も無力な階層の人たちの多くが軍隊と軍事主義を支持することは、精神的に分かりにくくない。会話のテーマを憂鬱な日常生活から、国の軍隊、帝国、関わっている戦争(そしてもし自分が元米軍兵であるなら、自分の海外にいた時の経験)というようなものへそらせば、魔術のように、自分が大きな、有力な、立派なものの一部になり、その力は自分自身の力だという気分になる。(本当のところ、ほとんどの人にとって、軍隊に入っていた時は、一生でもっとも無力な時になるのだが。)

軍事帝国には、市民社会を蝕むもうひとつの側面がある。アメリカの公式の政治的教義によると、国家の権力は国民の意思から生まれる、とか、その権力は必ず法に従って実施され、人権は不可侵である、となっている。しかし、海外軍事基地に派遣されている兵士は別の政治思想を教えられる。公式的なのではもちろんない。(米軍の公式的な政治教育はとても丁寧なPCだ。沖縄のラジオの米軍放送を聞くと、風刺ではないかと思うほどだ。例えば、「人種差別をしてはいけません」「女性差別をしてはいけません」「酔っ払い運転をしてはいけません」「妻子を殴ってはいけません」「基地の外の文化を尊重しましょう」などなど。)外国の領土を占領する経験から学ぶのだ。あの戦車、あの戦闘機、あの軍艦、あの軍団が、領土を取る力を持っており、実際取っている。このような教育が記憶にくっついてしまう。ナチに協力したドイツの政治思想家カール・シュミットという名前を知っている米軍兵士は一握りしかいないだろうが、シュミットの単純明快な政治思想を受け入れている者は多いだろう。つまり、法、議会、選挙、主権在民のような理論はすべて甘い幻想であり、意味あるものは、物事を動かすものは、生の力だけだ、という思想。

そういう調子で、アメリカの民主的な理想の残滓は、帝国によってだんだんと堕落していっている。これは「いつかそのようになるかもしれない」という仮説ではない。今現在のアメリカで進んでいる話だ。

沖縄・米軍基地・改憲問題

1　はじめに

皆さん、こんにちは。憲法問題連続学習会で私が話すと恥をかくおそれがあると思います。私より専門知識があって憲法のことをずっと研究していらっしゃる方が多くて、いろいろ反論が出ると思います。そして、日弁連で一回話したことがあるので、それを聞いてくださった方は、また同じことを言ってるじゃないかとあきれるかもしれませんけれども、頑張って話させてもらいます。

どういう立場から私は憲法のことを考えているかというと、まず私は素人です。法学としての素人です。大学で西洋政治思想史をずっと教えてきたので、政治思想の立場から言っているので、法律学者と観点の違いで別の角度から見ているから何か役に立つようなことが言えるかもしれません。それから、七年ぐらい沖縄に住んでいますので、沖縄のことを代弁できるわけでも何でもないんだけれども、住んでいると見方がちょっと変わってくることがあるので、その立場、違った立場という側面もあると思います。

今日のテーマ、「沖縄・米軍基地・改憲問題」と書いてありますけれども、順番を逆にして、まず憲法改正問題から始めたいと思います。

2　日本国憲法のキーワード

まず、私の勝手な日本国憲法の読み方なんですけれども、憲法の中で政治的に最も重要な言葉を一つ選べと言われたら、私は前文の「われら」という言葉を選ぶと思います。その「われら」という言葉によって、これは明らかに主権在民の憲法だということが読み取れるわけです。その重要性をよく見るためには、大日本帝国憲法と比較したら分かると思います。大日本帝国憲法の場合、一番最初の言葉は「朕」です。つまり、天皇しか使わない「私」という意味の言葉です。その憲法は、形としては明治天皇の命令であり、明治天皇が語っているわけです。憲法の主語が天皇なんです。国民に対して、臣民に対して、こういう憲法がある、こういう条項がある、こういうことは許される、こういうことは許されないと天皇が言っているという形になっています。

皆さんご存じだと思いますけれども、明治時代の法律学者の中で、天皇には憲法を守る義務がないという説があったんです。なぜかというと、人が自分の命令に従う義務があるということは論理的な矛盾です。命令した人がその自分の命令に従う義務があるというのは成り立たない。自分の約束は守らなければいけないんだけれども、命令に従う義務があるということはナンセンスだと。だから、日本国内で憲法を守る義務がない唯一の人が天皇だという学説を私は読んだことがあります。

その代わりに、今の憲法に「われら」という言葉が入っているわけです。だから、その文脈の中で考えると、今の憲法は、形として、国民からの政府に対する命令です。明治憲法、大日本帝国憲法と一八〇度違うわけです。そのときの憲法を完全に覆すような憲法です。命令であるという言い方は極端に聞こえるかもしれませんけれども、基本的に主権在民はそういう意味です。国民が政府に対して、これをやってもいいよ、これはやってはいけません、この権限を渡す、この権限を渡さないというリストです。

今の憲法は、手続的には大日本帝国憲法の改正だというふうになっていると思います。つまり、大日本帝国憲法の改正手続を踏んで今の憲法になったと思いますが、その中身から考えれば改正でも何でもないんです。全く新しい憲法です。改正というのは、憲法の基本的な論理、思想、精神を守りながらちょっと延長線をつけるということです。作ったときに気付かなかったことを付け加えるとか、あるいは状況が変わったから、そのときなかった問題が出てきたからなどなどの延長線なんです。手続じゃなくて、中身からいうと、憲法の根本的な思想をひっくり返す、覆すような憲法を代わりにつくるということは改正とは言えないんです。だから、その時代の新しい国づくりですよね、日本をつくり直すということなんです。もちろん私は、占領軍の役割とか押しつけ憲法説は分かっていますよ。それを忘れて言ってるんじゃなくて、押しつけ憲法説について後で触れるつもりですが、憲法を一つの文章として読みますと、主権在民の原則が非常に強く書かれているものだと思います。

そして、国のつくり直しなんですけれども、政治思想的に考えると、国が新しい憲法を作った場合、それは政府の構造と政府のやり方を変えるだけではなくて、また法律を変えるだけではなくて、国民をつくり直すということでもあるわけです。そこのところに気付かない人が多いと思います。もちろん大日本帝国憲法の中で「市民」とか「国民」という言葉は使われていなかったです。「臣民」です。日本人は臣民だったわけです。臣民とは、露骨に言うと、政府の言うことを聞く人間、政府のやっていることを積極的に支持する人間であり、政府のやっていることに賛成するか反対するかどっちかと考える人間じゃないんです。言われたことに従う人間なんです。それは、日本の永田町の問題だけではなくて、そういう影響が社会の隅々まで入るわけです。個人の自己意識、個人のアイデンティティーの深いところに入ると思います。自分はどんな人間なのか、自分は誰なのか、自分の自尊心があるかないか、社会の中に私はどこにいるかということ、法的には臣民であるということは、それぞれの個人の意識の奥のところに入ると思います。

新しい憲法になりますと、「臣民」という言葉は消えて、「国民」という言葉が使われるわけです。「市民」という言葉は使われていないんだけれども、特に人権条項のところを読みますと、国民は市民になるということは非常にはっきりと描かれているわけです。国民は、集会を開く、自分で考える、自分で宗教を選ぶ、自分の意見を言う、自分の権利を大切にするということは人権条項のところに書かれているわけです。だから、大日本帝国憲法の代わりにこの憲法が日本の憲法になったということは、社会の深いところに影響を与えたのではないかと思います。戦後の日本の社会は非常に活発な、市民社会がよく動くような、労働組合を作るような、いろいろな政治運動が盛り上がるような、たくさんのさまざまな意見がはやるような社会になったわけです。憲法が変わるということは遠いところのことではないということは、その時代の変化で分かると思います。だから、憲法が「われら」という言葉から始まるということはとても重要だと思います。

3　憲法と「日本人」

また、もう一つのことが言えるわけです。これは、もちろん憲法のせいじゃないんだけれども、その時代の日本国をつくり直すのだから大きなことです。「われら」、つまり日本人は誰なのかということに関してもう一つ大きな変化があったんです。大日本帝国憲法のもとでは、日本の「臣民」の中に台湾人も入ってるし、朝鮮半島の人たちも入っているし、南樺太の人たちも入っているし、千島列島の人たちも入っているし、そして琉球列島の人たちも臣民なんです。日本は、憲法を変えた段階ではなくて、多分ポツダム宣言の原則を政府がのんだ瞬間から、その人たちが臣民でなくなった。一気に日本国の人口がうんと減ったんです。台湾の人たちにとって、特に朝鮮半島に住む人たちにとって、それは解放なんです。今でも解放記念日として祝います。

琉球の人たちにとって、それは一体何だったのかということはそう簡単に言えないです。解放だったと感じた人がいたと私は聞いたことがあります。しかしその解放感はあまり長持ちするものじゃなくて、何になったかというと、どの国の国民でもないような、国籍のないような、人権のないような、法的に一体何なのかと説明しにくいような民族になったわけです。米軍から見ると、戦利品です。日本から見ると何なんだろうか。なるべく考えないほうがいいところだったか、とにかく憲法からいうと、前文の「われら」の中に琉球人たちが入っていなかった。この憲法を日本国憲法にしようかしないか、どう考えればいいのかという議論があった時代に、沖縄に行って、どう思いますかと聞いてその議論に入れた人は誰もいなかったと思います。憲法案が出たとき、チラシのような形で何人かに回したのではないかという話は聞いたことがありますが、とにかく憲法前文の「われら」に入っていない。憲法を作った勢力として琉球は入っていない。

逆にこういう言い方もあります。今、日本国籍を持っている人たちの中で、この憲法を自分のものにするために長い間闘争して、運動を起こして、やっとこさ自分のものにしたのは沖縄だけです。それは復帰です。復帰運動にはいろいろな目的があったんだけれども、その大きな大義名分の一つは、この平和憲法、人権を保障してくれる憲法を自分の憲法にする、沖縄にも適用してほしいと。神秘的な民族主義だ何だかんだというよりも、この憲法が欲しいというのが大きな目的だったと聞いています。そして、長い間闘って日本国憲法が沖縄の憲法にもなったわけです。復帰の日――記念日じゃなくて、本当の復帰の日――には、憲法前文が「沖縄タイムス」と「琉球新報」に出たそうです。これからの私たちの憲法はこれですよと。それだけの大きな役割が果たされたわけです。

そういうふうに考えれば、第一の問題提起としてこういう問題があります。憲法を自分のものにする、沖縄に適用されるということが復帰運動の大きな大義名分だったならば、もしこの憲法がなくなったら復帰はどうなるか、復帰はどう考えればいいのかということになるわけです。もうちょっと露骨に言うと、この憲法がなくなったら琉球の人たちは、このヤマト日本とつき合い続ける理由はあと何が残っているのかと考えるだろうと思います。そういう言い方をし始めている人たちは何人かいるらしいです。この憲法がなかったら日本の最後の最後の魅力はなくなるからもういいんだという声が耳に入ったことがあります。客観的にそういうことを考えざるを得ない状況になるのではないかと思います。それが憲法と沖縄についての一つのお話です。

4　押しつけ憲法で何が悪い

次は、押しつけ憲法説について私の勝手な物の考え方を紹介したいと思います。

押しつけ憲法だから変えなきゃいけないという言い方にはどう反論すればいいか。いろいろ反論があるんです。そのとき日本国民は憲法にかなり賛成したとか、賛成の運動があったし、米軍の憲法作成委員会は日本の学者からいろいろアイデアをもらったとかいろいろありますけれども、私の考えですが、それを全部合わせてまとめて言っても押しつけ憲法説はなくならないと思います。私は、押しつけ憲法だと思います。反論は重要なんだけれども、それよりもその状況に合うような言い方としてこういう言い方はどうだろうかと思います。つまり、押しつけ憲法で何が悪いかという言い方です。

どういうことかというと、主権在民の憲法は、すべて押しつけ憲法だからです。押しつけないと主権在民の憲法はできるわけがないし、歴史の中でできた例はあまりないと思います。政治学的に考えれば憲法はどういうものかというと、政府の権力・権限を制限するものです。政府は、無条件にこれもあれも勝手にできるものではなくて、法の手続を踏んで初めてこれもあれもできるということです。ヨーロッパの歴史でいうと、絶対王政の時代があって、絶対王が、この人の顔が気に入らないから死刑とか、あの人の冗談はおかしくないから死刑とか、歌が下手だから逮捕とか、気に入らない手紙を配達したメッセンジャーを殺すとかあったんです。そういうことができないように近代憲法が発明されたわけです。

近代憲法の始まりだと言われているイギリスのマグナ・カルタ（大憲章）も押しつけ憲法です。ジョン国王に押しつけたわけです。ジョン国王は喜んで署名したわけじゃないんだけれども、署名しないと命が危ないので署名したんです。そういうものなんです。残念ながら、自分みずからの権力を減らすような政府はこの世にあまり存在しない。だから、やっぱり押しつけないと主権在民の憲法はできないものだと思います。

問題は、押しつけ憲法かどうかということではなくて、誰が誰に何を押しつけたかということです。日本の右翼の説のようにアメリカが日本に押しつけたというふうに問題を立てると、確かにのみにくいんです。アメリカが日本に押しつけたならば確かに嫌なものですよね。でも、その問題の立て方はちょっと乱暴過ぎて、もっと細かく考えるべきだと思います。

皆さんは私よりよくご存じだと思うんだけれども、米軍、占領軍は、日本に入って最初の数カ月間は、日本国民を同盟だ、仲間だというふうに扱ったつもりなんです。日本国民と一緒に政府に対していろいろ押しつけることはできるだろうと考えたわけです。考え方は根本的に違うんだけれども、占領軍と当時の日本国民は一つの結論を共有したと思います。それは、この政府には権力が多過ぎる。米軍から考えれば、その政府の権力を減らすということは戦争の目的で、だから別に良心的なことを考える必要はないんです。それは戦争の目的だからです。日本国民から考えれば、全く別の経験から、この政府の権力は多過ぎて減らしてほしい。だから、占領軍と国民が一緒になって政府にこの憲法を押しつけたのは事実だと思います。その押しつけなしで、あの政府がこのような憲法を作ったわけではない。実際政府のつくった憲法案は、大日本帝国憲法とあまり変わらなかったらしいです。天皇中心で、やっぱり「朕」から始まる憲法なんです。だから、押しつけ憲法は押しつけ憲法なんだけれども、その押しつける勢力は、アメリカ占領軍と日本国民が一緒になってこの憲法を政府に押しつけた。

ところが、憲法案が発表されてから二～三ヵ月たったらいわゆる逆コースが始まった。米軍、占領軍の考え方が変わったんです。憲法案は公表されたのが一九四六年三月六日だったが、その二カ月後の五月には一番最初のデモ集会に対する警告が占領軍から始まる。そこで日本国民の信頼が崩れ始めるわけです。共産主義者もいるし、何だかんだいろいろアメリカにとって怖い思想を持っている人もいるので警告が始まるんです。またしばらくすると、四七年二月のゼネストをつぶすわけです。

翻訳できない英語がありまして、Window of opportunity という言葉があります。「機会の窓」となりますけれども、その比喩は日本語にないと思います。どういうことかというと、何か完成できる条件がそろっている時期、ということです。つまりこの憲法ができることを可能にした歴史的な時期は非常に短かったと思います。もし作成にあと半年とか一年かかったならば、全く違った憲法になったのではないかと思います。戦争が終わってから数カ月の間でできたものですね。そういう意味でとても珍しい憲法です。

5 権力を制限する憲法

権力を減らす憲法だというふうに考えて読み直すと、すごい勢いを感じます。一条から四〇条までのほとんどは政府の権力を減らす条項です。一条は象徴天皇です。天皇制をなくすのではないが権限をうんと下げるわけです。一一条から人権条項が始まります。また、政治的にいえば、人権条項というのは政府の権力を減らすもので、政府のやってはいけないことがほとんどなんです。集会を開いただけで逮捕してはいけません。政府にとって気に入らないことをしゃべったり書いたりしただけで逮捕してはいけません。政府にとって面倒くさい人だというだけで処罰できません。法の手続を踏んでいないと人をいじめちゃいけませんとか、途中で税金を取ってもよろしいという例外はありますけれども、ほとんどやるなということばかりです。すごい勢いです。

四一条になって初めてやってもいいことのリストが始まります。

そういう意味で、アメリカ憲法に似ているという人がいるんだけれども全然違います。アメリカの憲法は、州から権力を奪って中央政府をつくっているから、州から中央へという勢いが激しいです。どんどん権力を集めて、その勢いを中央へということです。日本国憲法は、中央の権力を減らすような勢いはとっても強いわけです。

とにかく、それは押しつけないとできないものだったと思います。もしこれがアメリカ政府の押しつけだけだったら、いろいろな人が言うんだけれども、講和会議が終わってから数カ月間でなくなったはずです。どうしてまだ残っているのか。自民党は、最初からこの憲法を変えたいとずっと言ってるけれども、どうしてできないのか。それは、アメリカの押しつけではないのです。それは護憲運動のためです。つまり、この憲法は、六〇年前の押しつけ憲法だったということではなくて、今現在、今日も押しつけ憲法なんです。その護憲運動が続いているから、毎日毎日国民は政府に対して押しつけ続けているわけです。護憲運動は、憲法押しつけ運動なんです。だから、政府の人たちがこれを押しつけ憲法だと感じるのは、分かるわけです。当然なんです。変えたいけれどもできない。それは、アメリカと関係ないんです。アメリカは、押しつける勢力からもう六〇年前に抜けているわけです。押しつけるのは国民です。そういう意味では、一二条の不断の努力のところですが、国民にこの憲法を押しつけ続ける義務があるということをちゃんと憲法に書いてあるんです。(「この憲法が国民に保障する自由及び権利は、国民の不断の努力によって、これを保持しなければならない。」) 一二条は、押しつけ続けないと人権がなくなるよということなんです。そういう意味で、はい、押しつけ憲法です、これからも押しつけ続けましょうという言い方のほうが状況に合っているような気がします。これは九条だけではなくて、政府が押しつけとして感じるのは、主権在民のことと人権条項、それは全部押しつけだと感じているのではないかと思います。

6 最近の憲法改正の問題点

次に、憲法改正ですけれども、これこそ皆さん私より詳しいと思いますが、自民党の新憲法草案があります。これから公明党やもしかして社民党と交渉があって変わっていくかもしれないけれども、一応案として自民党のホームページに出ています。この研究会は何度もそれを読み直しているだろうと思いますので、恥をかくかもしれないけれども、私の読み方を紹介したいと思います。

どういう問題点があるか。たくさんあるんだけれども、私は五つ選びました。

一つは前文ですが、「われら」という言葉が消えます。それはとても大きいと思います。「日本国民」という言葉は残っているんですけれども、私の偏った読み方かもしれないんですが、「われら日本国民」ではなくて、「彼ら日本国民」というふうに感じるわけです。この憲法案を書いた人たちにとって国民は「彼ら」、そんな感じがするわけです。

そして、天皇の話が前文に入っています。そして、皆さんよくご存じだと思いますけれども、平和に関するところは書き直されているわけで、非常に雰囲気の違う文章になっていますね。もちろん前文は拘束力があるものではないけれども、憲法のムードというか、雰囲気をつくる原則を紹介するところだから重要です。

そして、九条です。自民党の新しい九条は不思議ですね。今の矛盾をさらに極端な矛盾にするわけです。九条の一はそのままで、戦争はしない、軍隊は作らないと。九条の二は、軍隊を作りますと。見事ですよね。作らないけれども作りますと。今がそうなんだけれども、作らないけれども作っています。その矛盾を解決するんじゃなくて、さらにその矛盾を矛盾としてはっきりさせるわけです。見事です。

九条二項の一番最後の言葉、多分、九条でまだ唯一拘束力ある、まだその線が守られているところですけれども、「国の交戦権は、これを認めない」というところです。国の交戦権、これは誤解する人がいますけれども、集団的自衛権のこととか他国を侵略することとか先制攻撃できることとか、そういう意味でも何でもないんです。交戦権というのは、兵隊が人を殺しても罪にならないという戦争ができる権利です。人を殺しても、財産を壊しても、それは犯罪にならない、こういう権利です。つまり、戦場で兵隊がやることは、普通は犯罪です。私たちがやれば殺人犯になる。あるいは、兵隊みたいにたくさんの人を殺せば、クレイジーだと思われて精神病院に入れられるかもしれない。だけど、兵隊は、交戦権があるからこういうことをやっても犯罪にならない、罪にならない。

罪にならないということは二つの意味があって、逮捕されない、法的に罪にならないということと、もう一つは罪悪感を感じる必要がない。やっぱり自然に罪悪感がわいてくるのでPTSDになる兵隊は多いんですけれども、とにかく交戦権とはそういう意味です。

だから、「国の交戦権は、これを認めない」ということはアピールというか、政府に訴えているとか、希望を言ってるとかお願いしているとか、なるべく戦争をやめたほうがいいとか避けたほうがいいとか、そういう言葉じゃないんです。「われら」が政府に対してどういう権限があるか、どういう権限がないのかというリストの中にそれがあるわけです。戦場で人を殺す権利はありませんという意味です。だから、戦場で人を殺したら犯罪になりますよということです。それが交戦権なんだけれども、それを認めないということです。私たちの知っている限り、自衛隊は、交戦権のもとでは一人の人間も殺したことがない。交通事故で殺したという話は聞いていますが、そういうことではなくて、軍事行動で殺したことがないということは、憲法のそこのところはまだ生きているということです。

自民党の新憲法草案にもっと正直に書けば、「国の交戦権、これを認めます」と入れればいいのに、触れてないんです。それについて何も書いてない。自衛隊を作ります、そして自衛軍のことに関して法律によって定めるというあいまいなことしかないんです。

辻元清美さんから一年以上前に聞いたんだけれども、彼女は国会で当時の防衛庁長官にこれはどういう意味ですかと聞いたんです。つまり、法律によって交戦権を復活できるという意味ですかと質問したんです。鋭い質問です。当時の防衛庁長官の答えが、それはなってみないと分からないという答えです。つまり、「はい」という答えです。結局どうなるかというと、国には交戦権があるかないかということを、憲法レベルから法律レベルにおろすわけです。憲法改正で決めるものではなくて、国会の議決で決めることに変えたわけです。つまり、はっきり言わないけれども、交戦権の復活です。そういう意味だと思います。

それから、三番目に人権条項ですが、もちろん大日本帝国憲法にも人権条項があったけれども、条件つきです。法律に反しない限り、秩序に反しない限りという条件がついているわけです。そういう人権は人権ではないんです。政府は、許される限り、つまり政府にとって邪魔にならない限りやってもいいよということです。それは不可侵の人権とは違うことですね。自民党新憲法草案にはその条件が付加されているわけです。「法律に反しない限り」は復活していないけれども、「公益及び公の秩序に反しない限り」ということです。秩序に反しない限りの人権は人権ではないんです。人権は秩序に反することが多いんです。デモ行進をやるときとか大きい運動を起こすとき、交通はうまく動かないしいろいろあるんです。公益とは何なのか。それは国益ですね。だから、そういう条件つきの人権に変えようとしています。

中学生、高校生の集まりでこういう講演をしたことがあるんですけれども、一人の中学生が、普通大人ならしない質問をしたんです。不可侵とはどういう意味ですかと。とてもいい質問でした。はっとしました。そういう質問をされたことはないんです。人権は不可侵だとはどういう意味か。一生懸命考えたけれども、こういうことです。例えば、結社の自由とか言論の自由を禁止する法律が可決されても権利としてなくならないという意味です。やり続けても倫理的にいいんだという意味です。もちろん逮捕されるかもしれないので怖いけれども、不可侵の人権とはそういう意味です。不可侵というのは怖い言葉です。

考えてみれば、人権という概念はどうやってできてきたかというと、そういう人権を禁止する法律があったところで、人が闘って闘って、つまり自由にしゃべってはいけないところで自由にしゃべる。結社を作ってはいけないところで結社を作って抵抗する。また結社を作ってまた抵抗する。そういう繰り返し繰り返しでやっと法律に入れてもらえたわけです。今でも世界で言論の自由、結社の自由が許されていない国があるので、アムネスティが頑張っているところで、その国に政治犯が出るんです。つまり、その国の法律に自由に文書を書いちゃいけないと書いてあるんだけれども、でも書きます。そして逮捕される。不可侵とはそういう意味です。だから、日本の将来にこういう人権を禁止するような法律でも憲法でもできてしまっても、この人権はなくならないというのが不可侵ということです。

自民党の新憲法草案に戻りますが、四番目の大きな変化は靖国神社です。多分それは説明しなくてもいいと思います。靖国神社参拝はやってもいいような条項が入るわけです。

五番目、こういう議論はあまり聞きませんが、地方自治のことです。不思議なんですけれども、地方自治のところが抜本的に書き直されています。自民党の新憲法案を読みますと、これはちょっとした脱線なんだけれども、今まで現憲法の批判の中で、現憲法の日本語は美しくないということが言われていたんです。これは翻訳語であり、美しい日本語になっていないと。米軍の草案を日本語に直していて、きれいな日本語ではない、だからきれいな日本語に書き直すと言われたんです。でも、自民党の新憲法案を読みますと同じ日本語です。そして、政治的に興味ないところはそのままなんです。何も美しい日本語に書き直していません。多分、日本語という言語を使って、法律のことを表現するためにどう作り直すかということは明治時代にできたと思うんです。明治憲法、刑法、民法は、そのための日本語をその時代に作ったので、今の憲法はその言語だし、自民党の新憲法草案も同じ言葉なんです。何も美しくなっていないです。筆で書いているわけではないし。

とにかく、その中で地方自治権のところが抜本的に書き直されています。そこのところを引用しましょう。

第91条の2（地方自治の本旨）

①地方自治は、住民の参画を基本とし、住民に身近な行政を自主的、自立的かつ総合的に実施することを旨として行う。

第92条（国及び地方自治体の相互の協力）

国及び地方自治体は、地方自治の本旨に基づき、適切な役割分担を踏まえて、相互に協力しなければならない。

とてもわかりにくいんです。わかりにくいというのは、何を目的として書き直しているかということがなかなか読み取れない。けれども、新しい言葉として「身近な行政」と「適切な役割分担」という言葉が入っています。だから、私の解釈を何人かに紹介したときに、なるほどと言った人もいれば、考え過ぎだと言った専門家もいるから、どっちか分からないんだけれども紹介してみます。是非ご自分でその部分を読み直して考えてほしいと思います。

「身近な行政」「適切な役割分担」とはこういうことじゃないかと思います。日本の政治の中でとてもおもしろいことがあるんです。地方自治体の外交政策とか、地方自治体の国際関係とか、神戸市の神戸方式で核戦艦を入れないとか非核宣言をするとか、無防備地帯宣言をする自治体とか、基地をここに置くなとか、そういうことですね。だから、地方自治体は、下水道とか水道とかごみ処理とか道路工事とかそういう身近なことだけにして、外交、安全保障、基地の問題云々ということは東京で決めますということが目的ではないかと思います。地方自治体はそういううるさいことはやめてほしい、と。そういうふうに考えれば、一番うるさい地方自治体は沖縄になります。沖縄県もそうだし、それぞれの町も村も、東京で決めたいことを村議会とか町議会で決めちゃうんです。だから、この地方自治体の部分の書き直しは、まず第一に沖縄を狙っているのではないかと思うんだけれども、それは考え過ぎでしょうか。

もう一つ大きいと思うのは、九五条です。九五条は、地域の住民投票で賛成しない限り、国が特定の地域に関する特定の法律を決めてはいけませんというものです。その九五条がどういうふうに変わったかというと、削除です。なくなります。では、東京政府は、住民の許可なしにどの地域に関して特別な法律を作りたがっているのかというと、多分、沖縄県ではないかと思います。他もあるでしょうけれども、まず沖縄を狙っているのではないかと思います。

最初話したように、大日本帝国憲法から今の憲法に切り替えたとき、これは改正だと言えない、新憲法、新しい憲法、原理があまりにも違うからぐるっと逆さまにしたから、改正の手続はともかくとして、中身から考えれば新憲法だと。極めて興味深いことは、自民党のホームページに出ている案は「改正」とは書いていないんです。「新憲法草案」と書いています。それは、自民党のとても正直なところだと思います。これは新憲法なんです。つまり、改正とは言えないということは作った人が分かっているわけです。原理があまりにも違うから、国のつくり直しだと思います。

そして、目的は何なのかというと、さっき話したように、憲法を作り直した場合、政府のやり方とか法律の中身だけではなくて、国民がつくり直されるということです。それが政府の大きな目的だと思います。考えてみれば、憲法を変えたい人たちがずっとそう言ってるんです。今の憲法のもとで日本国民は堕落したとか自由があり過ぎるとか義務感を分かってないとか何とか言ってるんです。教育基本法と同時に憲法を変えて、臣民に近いような国民につくり直そうとするのではないかと思います。それが目的なんです。政府の言うことを聞くような国民、自分の考え方を持たないような国民につくり直すのが目的なのではないかと思います。全部読んでそういうふうに読み取れると思います。

多分、彼らが狙っている社会の小さい模範が今できていると思います。それは、学校の入学試験と卒業式です。アノウタを歌わない権利がないわけです。歌わなかったら逮捕されるということはないけれども、わけの分からない軽い恐怖があって、やっぱり立って歌を歌います。それが将来の社会の模範、そのような原理を社会に広げたら彼らが狙っている社会になるのではないかと思います。

7　沖縄と平和憲法

では、視点をちょっと変えて沖縄の話に入りたいと思います。沖縄と平和憲法の話です。一九四八年、マッカーサーがまだGHQをやっていて占領軍がいるとき、朝鮮戦争が始まる二年前です。アメリカ政府は、占領軍の政策に対していろいろ不満があったんです。冷戦が始まってソ連を怖いと感じて、日本に対する政策を変えなきゃいけないと。そのとき、四八年、米国務省がジョージ・ケナンを東京へ送った。ケナンはとても権威のある外交官だった。アメリカの冷戦政策、つまり封じ込め政策を考えた偉大な人間が東京へ来たんです。興味深いことなんだけれども、日本政府の誰とも会わないでマッカーサーと会った。彼が持ってきたメッセージは国務省からのもので、この九条をやめて日本軍を作りなさいと。日本に軍隊がないというのはナンセンスだと。ソ連が怖いし、近いし、早くそのナンセンスをやめて――ナンセンスという言葉は使ってないんですけれども、どうもそう思ってたらしいです。早く日本の軍隊を作りなさいということでした。

マッカーサーは、国務省からそういう命令が来ても断ったんです。作りません、と。それは占領軍の政策を一八〇度ひっくり返すことだから、日本人の前で恥をかくし、説明できないと。そして、今の日本政府は役に立つような軍隊を作る力はないし、やろうと思っても破産するし、経済力もないし、そして九条は大分人気になったから、私たちが強制しないと作れない、強制すべきではないと言って断ったんです。その次がおもしろいんです。でも大丈夫です、もちろん日本を軍事力で守らないといけないんだけれども、大丈夫ですと。なぜ大丈夫かというと、沖縄があるから、と言いました。沖縄に半永久的な基地をつくれば、沖縄から米軍が軍事力で日本を守ることはできると。その段階では沖縄をどうするかというはっきりした政策はなかったらしいです。基地はあったんだけれども臨時的な基地で、カマボコ小屋とか、そういう簡単に作れる建物しかなくて、固い鉄筋コンクリートの基地を作る資金が出てなかったんです。だから、マッカーサーは、早くそのお金を出しなさいと。沖縄に大きな基地を作れば日本の九条は変えなくてもいいと言ったのです。ケナンはなるほどと言って、アメリカに帰って報告書を出して、それが通って、しばらくすると沖縄に永久的な基地をつくるような資金が出始めたんです。だから、マッカーサーの頭の中で、それからアメリカの政策の中で、沖縄の米軍基地と日本の憲法九条は同じ政策の裏表だと思っていたんです。

今の話を私はどこから初めて聞いたかというと、東大の古関彰一先生の大分前の研究書に出ていました。彼の研究で初めて聞きました。

それはマッカーサーの頭の中の話にすぎないならいいんだけれども、もう一つの最近の話を紹介したいと思います。

数カ月前、私は国連大学のシンポジウムに呼ばれて、それが終わってから歓迎会があったんですけれども、二人の東京の中年の女性がやって来て、日本国憲法九条を世界遺産にする話がありますす、すばらしい、憲法九条が世界遺産の一つになる可能性はあると思いますかと私に聞いたわけです。私は、いや、日米安保条約がある限り無理じゃないですかと言いました。つまり、米軍基地が日本のあちこちにあるので、私たちは平和主義ですということで世界から褒めてもらうということはちょっと難しいんじゃないかと言ったわけです。そうすると、彼女たちがびっくりしてショックを受けて目を丸くして、えっ、日米安保条約をなくすのですか、日本を無防備にするのですか、だってほかの国には軍事力があるんだから怖いんじゃないですかと言いました。これは同じ人物で先ほどの発言から一分もたってない言葉です。だから、非常に興味深い問題がそこから生まれるわけです。頭の中にこの部屋と隣にこの部屋があって、どうしてその間にドアがないのか。同じ人間がこれを言ってからどうしてすぐこれを言えるのか。その構造は何なのかという問題ですけれども、答えはあると思います。

答えは沖縄だと思います。基地問題を、沖縄問題の範疇にする。安保条約という言葉はまずあまり使わない。なるべく安保条約という言葉に触れない。安保条約の話は、ダサい、古い、怖いということでなるべく出さない。基地問題は、沖縄問題と呼びます。基地問題を見ようと思えば、例えば修学旅行で沖縄へ行って基地を見てくる。安保が見える丘に上って基地を見て、ああ、かわいそうな沖縄と言ったり、あるいは沖縄の人は何でもっと闘わないのか、どうしてそんな我慢ができるのか分からないと言って、本土へ帰ってきて、日本国憲法の第九条が世界遺産になるかもしれないという自己満足の気持ちに戻るということがあるわけです。みんながそうだとは思わないんだけれども、そういう精神構造は存在していると思います。

もう一つの話ですが、去年の一二月だったと思うんだけれども、おもしろい人が沖縄に来ました。北海道の宗谷岬から沖縄まで自転車をこいできたという若いイギリス人です。彼は途中で折り鶴をつくって配って、これは「きゅうちゃん」といって、九条運動をやっているわけです。九条は大事だよ、九条を知ってますかとか、ずっと九条運動をやってきたわけです。私は一回九州でちらっと会ったので、後で彼が沖縄に来て電話があったんです。それで喫茶店で会ったら、質問がありますと。途中で沖縄の人と会ったんだけれども、その沖縄の人は、「九条は沖縄に一度も来たことがないよ」と言われました。その意味は何ですかと彼は私に質問しました。日本国憲法は沖縄に適用しないという条項は入ってないよねと。入ってませんよ、そういうことじゃなくて、それは法的なことではなくて、沖縄に基地がたくさんある状況を比喩的に表現する言葉ですということで沖縄の基地の状況を説明しました。その途中で「日米安保条約」という言葉を使いました。彼は、えっ、何それっ、と言ったわけです。問題は二つあります。人の国へ行ってその国民にその国の憲法について説教するならもうちょっと勉強してからやったほうがいいという個人的なことが一つです。でも、彼はいい子で、多分その後大分勉強したと思います。

もう一つの問題は、彼に聞いたんだけれども、北海道から沖縄までその運動をやっている途中で、四〇ぐらいの九条を守る運動体と会ったんです。シンポジウムに呼ばれたりして新聞にインタビューされたり、テレビに出たりしていましたが、沖縄まで来て、私が安保条約という言葉を使ったら、彼は、えっ、何それっ、と。つまり、だれ一人安保条約という言葉を口にしなかったということです。彼は、英語はもちろん日本語もできるけれども、どっちでも聞いたことがなかった。これは三〇年前の日本の反戦平和運動の中では考えられないことですよね。デモのような集まりがあれば、まず安保粉砕でしたよね。安保が中心。こんどは何かタブーになっているようです。

もう一つの話があって、似たようなことなんだけれども、論理的に話すよりもこういう実際の体験で何か見えてくると思ってこの話をしているんですが、これは何年か前の話なんだけれども、九条を守る運動をやっている知り合いの東京の若い女性が沖縄に来ました。彼女を車に乗せてドライブしている途中で、基地の隣に密接したある住宅街があった。フェンスがあって、人が住んでいるところです。それを見た彼女は、「私は、あんなところに住めない」と発言しました。非常に興味深い発言です。えっ、今この人はなにを言ったか、と思った。

まず第一、自分を褒めてほしいような言葉を使っているんです。つまり、私がどれだけ繊細で敏感な平和主義者かということを伝えたい。でも、その言い方をちょっとだけ変えると、「あの人たちはどうしてあんなところに住めるか分からない」というのとほとんど同じ発言です。だから、自分を褒めて、住んでいる人たちに対する批判あるいは軽蔑ですね。あんなところにどうして住めるかと。

それもあるんだけれども、その裏にもう一つ、もっともっと重要な側面があります。彼女は東京に住んでいます。東京は「あんなところ」ではないという前提で話しています。確かに宜野湾市と比べると、東京には爆音がないし、米軍基地からの公害は来てないし、でっかいいれずみだらけ、ステロイドで膨らんでいる、グロテスクなＧＩがまちを歩き回っていることもあまりないし、米軍基地は近くにはない。けれども、安保条約は東京で決めたんです。沖縄の人たちに発言権がなかった復帰以前に安保条約はできて、そして六〇年安保闘争のとき、七〇年安保闘争のとき、沖縄はまだ復帰以前だから発言権がなかったんです。沖縄で決めたわけではないんです。米軍基地を日本領土に入れるのは日米安保条約です。東京に住んでも、米軍基地が入っている国に住んでいる。でも、「あんなところ」に住めないというのは、米軍基地は沖縄、私は平和的な日本に住んでいると思っているということです。違うよね。東京も大阪も「あんなところ」です。米軍基地の入っている国です。近いか遠いかという違いはありますけれども、もちろんその違いはとても大きいのですが、その幻想が非常に興味深い。「あんなところに住めない」というのは、東京は「あんなところ」ではないという幻想です。東京は平和的なところで、安保問題、基地問題、戦争問題は沖縄だと。だから、九条を世界遺産にできるかもしれないと思いながら、米軍基地はやっぱりあったほうがいいという矛盾した意識ができるわけです。繰り返しですけれども、どうしてできるかというと、それは沖縄の役割の一つだと思います。

中途半端な終わり方で申しわけありません。この辺で終わりにしたいと思います。長々と聞いてくださってありがとうございました。

8 質疑応答

○質問者 日本で今いろいろ改憲が言われていることについて一番の論拠になっているような考えは、産経新聞で命とは何かとか人を殺すとは何かということの連載を今日までしていましたが、それを見ると、特攻隊は日本の自由のために死んだんだ、日本のために死んだ、そういう純粋な人間を放っておいていいのか、もう一遍それを考え直していこう、そういうことでキャンペーンをしているんですね。

それについて聞きたいんですけれども、アメリカでも、今若者が戦争に行ってるでしょう。それについて、アメリカの自由のために死んでるとか、彼らや彼らの家族や世間が本当に思っているのかどうかということをお聞きしたい。日本でももちろん、戦争では日本の伝統のために死ぬような人間をつくれということは言ってます。そういうことを言ってるけれども、日本のかなりの人は戦争の原因について、それは利権屋とか一部の強い者のために、弱い者が殺したり殺されたりしているんだという考えはかなりあるんです。しかし、それは多数にはなっていないけれども、アメリカでは戦争の原因については、利権屋のために若者を殺すだけじゃないかというような考えはあまりないのかどうか。

また、先ほどのように、家族や本人たちは、アメリカの自由のために死んでいくのはいいことだと思って行ってるのか、そのあたりの風土とか考え、認識状況を教えていただきたいんですけれども。

○ラミス　アレン・ネルソンさんという名前を聞いたことはありますか。アレン・ネルソンさんは、ベトナム戦争の海兵隊員で、戦争が終わってからストレスディスオーダーでほとんど狂っちゃって、平和活動をやり始めてそれが治療になって、よく沖縄に来ます。彼に言わせると、戦場に入ると海兵隊の基礎訓練で学んだことを全部忘れなきゃいけないと。意識を作り直さなきゃいけない、そのときまでに学んだことは全部役に立たないと。

どういう関係かというと、戦争に行ったことのない若者にとって愛国心とか国のためという考え方はあると思います。問題は、実際に戦争が始まっても何で逃げないのか。それはまた別です。愛国心から逃げないということではどうもないらしいです。第二次世界大戦が終わったころ、心理学者が実際に戦争に参加した米軍に、どうして逃げなかったか、どうして戦ったかということについて心理調査や質問をしたりしてアンケートを集めました。何百万人という大きな調査でしたが、愛国心とか民族主義はあまり大きくなかったみたいです。実際戦場に入って何で逃げないかというと、軍隊を四人とか五人の小さいグループに分けるわけです。そのグループのほかのメンバーを裏切らないために逃げられない、それが一番だそうです。あの人たちを残して逃げるということは考えられないと。国のことはあまり考えてないみたいです。そういうふうに上手に組織されるわけです。厳しいところに行ってお互いに頼り始めて、自分ひとり逃げても他の人のことを忘れることができない、その心理が一番働くらしいです。戦争に入る前に愛国心の部分は働くと思うんだけれども、実際戦っているときはそれはあまりない。

特攻隊はどうか。特攻隊の人たちは、まだ戦争を経験していないんです。経験していない人が初めての経験で向かっていくんです。若い人たちでしょう。経験のあるパイロットを特攻隊員に使いますか。だいたい初めて戦場に行く人たちです。だから、もしかしたら、経験してないから愛国心の部分がまだ残っているかもしれない。

○質問者　行ってしまえばいろいろな状況になるから、そこでどんな行動が正しいかということはなかなか言えないと思うんです。行く前に戦争とはどういうものかということは、日本だって第二次世界大戦に行ったころは考えられないし、僕らそのときに生まれてたらきっと同じようになってるかもしれません。しかし、戦争の実態はそんなことだったのかと後で知ることによっていかに戦争が悲惨なものであるか、それが一部の者のためにみんな犠牲になって、例えばイラク戦争だって、上層階級のアメリカの軍人は行ってません。あそこに行ってるのは、黒人とか貧乏な白人層とか少数派民族が行ってるわけでしょう。そういうことを見たら、いかに戦争というのがくだらんもので、そういう人のためにやられているかという発想をなぜ一般国民はあまり持たないのかということをお聞きしたかったんです。

○ラミス　今のイラクに行ってる米軍の話なんですけれども、徴兵制になってないので、徴兵制が復活すれば、政府は多分負けたことになるわけです。大きな反対運動が盛り上がるから、どうしても志願兵でやろうとしているわけです。ところが、応募者が足りなくて、新聞によると、最高年齢は四二歳まで上げているんです。そして、重大犯罪で有罪判決が出た人は、今まで門前払いだったけれども、ちゃんと反省してますと言える人間なら入れてるんです。そして、もう一つは外国人です。米軍を数年間やればグリーンカードがとれる、アメリカに住める権利を狙っている人が入っています。主に国内の外国人なんですけれども、この間新聞で、ペンタゴンで海外にも募集事務所を設けるか設けないかという議論しているんです。多分メキシコとか中南米の人が主だと思います。そうしないと人が足りないという意見と、それだったら愛国心とか英語とかどうなるかという反論がペンタゴンにあって、それだけ今米軍が困っているんです。

でも、グリーンカードのためにイラクに行く人たちはどうなんだろう。愛国心と関係ないんですね。メキシコの人たちは、別にアメリカに愛国心で命をかけることはないんです。その人たちはどうして逃げないのかということは不思議なんですね。

○質問者　その人たちは生活とかそういうために行ってるんだと思います。失業して金がないとか、そういう人に任せている、そういう弱い者にしわ寄せが行ってるという制度自体に対する反戦機運という運動はアメリカでは全然起こる余地がないのかということです。

僕がそれを思ったのは、ブッシュなどほんまにけしからんやっちゃと。しかし、あるときにテレビでブッシュが、アメリカの兵隊が三〇〇〇～四〇〇〇人死んだときに、本人にも家族にも本当に申し訳ないということで敬虔に祈ったと書いてあるんです。ということは命を大切にするという意識があるように一見見えます。そういうことで、皆本当に上層階級も兵隊の命を大切にして、自由のために頑張ってくれたと思っているのかどうなのか、そういう議論は起こらないのかどうかということと、アメリカ人は二〇〇〇人～三〇〇〇人を殺しているでしょう。イラクは六〇万人殺しているでしょう。そんなん平気なんですか。命の尊重とかそういうものはアメリカの上層階級同士の中にだけ持っている理想であって、ほかの人間はどうなってもいい、虫けらのように思っているんじゃないかという危惧感を持っているんです。そういうところまでは人権の尊重は及ばないのかという質問なんです。

○質問者　ベトナムですらカリー中尉というのがソンミ村で何百人と殺したでしょう。あれが一応裁判になって一五年か二〇年の判決が出ています。そしたら、ニクソンがそれを恩赦で一〇年に減刑して、そして特別にそのカリー中尉のためにマンションを買ってやって、その中で暮らしなさい、行動は自由だと。しばらくしたら今度三年にまた減刑して、それで宝石商の大金持ちの娘さんと結婚して宝石商でもうけている。これは立派な愛国者だということで、アメリカ人は、一部の人を除いて皆それに拍手喝采した。そういう風土です。

○質問者　最近、アメリカ軍が沖縄から一部にせよ撤退してグアムのほうに移る、こういう構想が出ていますが、これは日本との関係においてはどういう狙いがあってのことなんですか。

○ラミス　もちろん私は司令部の心の中は読み取れないので分かりませんけれども、沖縄の反基地運動が盛り上がったり静かになったり盛り上がったりするんですが、米軍にとって、司令部にとってやっぱり怖いんですね。稲嶺知事がいつもマグマの比喩を使っていますね。この地面の下にマグマに流れているから、いつどこで爆発するか分からないという脅かしの言い方をしています。多分、米軍もそれを感じていると思います。いつもう一回爆発するか分からないので、その緊張感を減らすことですよね。だから、ある程度沖縄の反基地運動の力をそこで感じるんですけれども、ただ残念ながら、グアムも植民地で、先住民もいるんだから、その先住民も米軍がたくさん来るということは非常につらいことだと思います。だから、グアムに行けばいいのではなく、もうちょっと先住民のことを考えてから発言したほうがいいと思います。

○質問者　沖縄に置いておくよりグアムのほうが安心しておれるんですか。

○ラミス　グアムは法的にアメリカ領土ですよね。実際は植民地なんですが、法的にアメリカ領土です。そして、先住民の数が少ないです。大きな運動はグアムではなかなか作りにくいと思います。

○質問者　日本の自衛隊を沖縄に送ろうという構想もあるようですけれども。

○ラミス　たくさん来てますよ。

○司会　では、私もアメリカのほうの話をお聞きしたいんですが、冷戦が解消してソ連が崩壊した。すると、アメリカは軍事力を当然縮小するべきだという議論があったと思いますが、なぜアメリカはそのときに軍隊を縮小しないで維持し続けているんですか。あれはアメリカの国内ではどういうふうになっているんですか。

○ラミス　私には皆さんと同じ情報しか入っていないんですけれども、軍事産業の施設があって、それがかなり大きいと思います。アメリカは、一九二〇年代、一九三〇年代の大不況があったんです。ニュー・ディール政策でそれが直らなくて、第二次世界大戦で直った。経済的な事実にしても、その軍事産業で回復した。真珠湾攻撃から現在までアメリカ合衆国は戦争経済です。明日からでも戦争できるような準備をずっとやっているわけです。だから、もしそれが本当に本格的に軍縮して解体すれば経済的な大危機になるんです。戦争の代わりに何をするかということが大変な問題になる。それは事実だと思います。それプラス、いわゆるネオコンの不思議な右翼意識が今の政権に入っているので、その話は大分日本の新聞に出ていると思います。不思議な右翼と宗教とよく分からないような右翼抽象論を考えている人たちが政府をとっちゃったんです。と言いながら、例えばクリントン時代は古きよき時代だとあまり考えないほうがいいので、民主党になったらうんと変わるということは残念ながらあまりないので、もっと大きな変化がないと変わらないんですね。

ところが、どうですかね、日本の立場から今の戦争ばかりやっているアメリカを批判するのが当然でありながら、ちょっと楽過ぎるかなという感じがしないこともないんです。私は、ずっと沖縄にある米軍基地の話をしてきたわけですが、米軍基地が日本にあるということはアメリカの押しつけがかなり入っているんですけれども、沖縄にあるということはアメリカの押しつけでも何でもないんです。それは日本の押しつけですね。日米安保条約は、最初の段階で押しつけだった。講和条約の条件で署名しないと独立させないぞという押しつけなんだけれども、今はアメリカはそれが言えないので、日米安保条約に反対する運動はなくなって、支持がかなりあって、それを支持している自民党政府は当選するわけです。立派に選挙に勝つわけです。だから、全部アメリカの押しつけだということが言えるんだろうか。

この間、東京に行って激しく言われたんです。どうして糸数さんが負けるんですか、どうして自民党の人が沖縄県知事なんですか、分からないと。私は、それはそうだけれども、東京の知事はと聞くと、「そうだねえ」と。仲井眞さんは、保守だけれどもファシストではないんですよね。ナチではないんですよね。東京では明らかなナチの人が三回勝ってる。だから、そういうところを批判するのも微妙なんだけれどもね。

基地と平和

この講演を準備し始めた時、聴いてくださる人々のほとんどは沖縄人だという印象でした。それならば、「基地と平和」というタイトルの講演で、「基地を近くに置くことこそが、平和を保障するのだ」という説に反論する必要がないはずです。ところが、これは国際シンポジウムですので、そのような考え方に関し一言言ったほうがいいでしょう。

この言い方から始めましょう。このシンポジウムは沖縄で行っています。沖縄史のなかのイベントです。小さいイベントではありますが、イベントです。海外からいらした皆さんは、今沖縄の歴史の流れに浸っているということはないですが、足首まで入っているといってもいいでしょう。ですので、もしまだ気づいていないのなら、気づくべきことがあります。それは、軍基地が近くにあれば、生活は安全になり、平和は守られる、というように読み取れる歴史的体験、歴史の記憶が、沖縄にはひとつもない、ということです。沖縄戦は第二次世界大戦の最後の、もっとも残酷なという説もある、戦いでした。四人に一人（また三人に一人という説もありますが）の沖縄人が殺されました。米軍に殺された人、日本軍に殺された人、自分に殺された人もいました。なぜこの戦いが、他所ではなく、沖縄で行われたのでしょうか。答えははっきりしています。それは、沖縄には日本帝国軍の基地があったからです。

そのような歴史的な災難を経験した沖縄の人たちに、どのような論理の展開によって、「軍基地が近くにあれば安全になる」と、説得できるでしょうか。

現在、沖縄の大きな一部が米軍基地の下に埋まっています。その基地は、何のために沖縄にあるのでしょうか。それは、沖縄を中国から守るためでしょうか。中国の中距離ミサイルは沖縄まで飛んでくるとプログラムされていることは、誰でもわかっています。でも、なぜでしょう。いや、答えははっきりしています。それは、沖縄には米軍基地があるからです。

それとも、その基地は沖縄を北朝鮮から守るためでしょうか。北朝鮮のミサイルが沖縄まで届く能力があるかどうか分かりませんが、もし、いつかそのミサイルは沖縄まで来るならば、なぜ沖縄が的として選ばれたのか分かりやすいでしょう。そのミサイルが嘉手納空港、普天間空港、キャンプ・フォスター、キャンプ・シュワーブなどに届くようにプログラムされているでしょう。もちろん、結果として沖縄のどこに落ちるかは、その日の風、天気、プログラムの正確性などによるでしょう。

そして、そのような攻撃が来なくても、沖縄の現在の生活、つまり米軍基地のレジームの下の生活を「平和」と呼ぶ沖縄の人は少ないでしょう。

このシンポジウムであなたは、自宅や学校の上を飛んでいる戦闘機の爆音、環境汚染、米軍による事故、犯罪（特に女性に対しての）などのような基地被害のことを聞かされると思います。また、自分が同意したつもりのない侵略戦争の共犯者になるように強制される悔しさもあります。ベトナム戦争の時、ベトナムの人たちは沖縄を「悪魔の島」と呼んだそうです。その呼び方には十分な根拠がありました。自分の国を破壊していたB52の多くは沖縄から飛んできました。その爆弾は、他の仕事が見つからなかった沖縄の労働者が、飛行機に積んだこともありました。現在沖縄に駐留している米軍は、沖縄と何の「喧嘩」もないイラクに行ったり来たりしています。

この見方を持っていない方々は、今の簡単な話だけで自分の考え方を変えるように説得されないのはわかっています。しかし、私はこのような枠組みから、次の話を展開するつもりだとわかってください。そして、この枠組みを結局認めない人にとっても、その枠組みの中から興味深い理論的な問題は浮かんできます。そのいくつかの問題について話したいと思います。

まず、簡単な（と見える）質問から始めましょう。それは、自分の住んでいる近くにある軍基地に反対する運動は、必ず平和運動なのでしょうか。もちろん答えは、そうとは限らない、ということです。そのような運動は、いわゆるＮＩＭＢＹ＝Not In My Backyard（私の裏庭ならいやだ）運動になっているかもしれません。ＮＩＭＢＹ運動の場合、抗議をしている人たちは、遠いところに置いてあるなら、基地に特に反対しない、または積極的に支持しているかもしれません。つまり、軍基地が保障する（といわれている）安全性はほしいが、基地がもたらす騒音、環境汚染、危険性などの代価は払いたくない、ということです。

三十年前、原発反対運動をやっていた広瀬隆は、東京の新宿駅の近くに原発を造るべき、という風刺の本を書きました。(『東京に原発を!』一九八一年、JICC出版局)「政府によると原発は安全なので、いいでしょう」と。彼はそう書いたビラを新宿駅前で配り始めましたが、通勤中のサラリーマンにかんかんに怒られました。「何言ってる!　危ないじゃないか!」「そうですか。じゃ、あなたは原発反対ですか」「反対するわけないだろう!　ただ、あれは遠いところに置かなければいけない。人口の少ないところに。」つまり、原発の電気はほしいが、その代価を払いたくない。誰か、違う人が代価を払えばいい、ということです。

これは古典的なNIMBYの考え方です。反基地運動がこの形になれば、それはまったく反戦平和運動ではありません。

もう一方の極端には、平和運動は、特定の基地やその所在に集中するのではなく、戦争、軍隊、軍基地を発生させる要因が外された世界を造るように努力すべきだ、という考え方があります。それは素晴らしい立場で、それによってとても大切な仕事ができます。

ところが、このレベルでは、考え方がかなり抽象的になることもあります。この空間には、活動家より学者の方が居心地がいいでしょう。世界平和の構造を構想する仕事は、論理的に正しくても、道の向こうにある基地に反対する運動ほど、情熱的になりません。道の向こうにある軍基地は目で見え、耳で聞こえ、体で恐怖を感じる。その音が会話を止め、学校の授業を邪魔し、子どもを泣かす。その臭いは、健康のことを心配させます。戦闘機の爆音やヘリのガタガタという音を聞くと、何か落ちてこないかと、空を見上げさせられます。そして入れ墨で汚された、ステロイドでむくんだ、戦争体験でノイローゼになった兵士が街を歩き回ることが、娘の安全性を心配させます。

そして、多くの心のいい人たちの努力にもかかわらず、世界は戦争の原理ではなく、積極平和の原理によって再組織されるようになる日はあまり早いスピードで近づいてきてはいないようです。道の向こうにある軍基地の現実的な危険性と抑圧の下に苦しんでいる人にとって、「戦争がこの地球からなくなれば、あの基地もなくなるよ」と言われてもあまり慰めにはなりません。私が大学院生の時、学生運動をつぶすために警察が大学に入ってきました。学生が、「警察は、キャンパスから出て行け！」というポスターを貼りました。それに対して、誰かが、「警察は、地球から出て行け！」というポスターを貼りました。その気持ちが分からないことはないのですが、今、ちょっとそういう話ではない、という感じでした。

もちろん、上で描いた両極端の立場は抽象的な理念形で、実際の人間が生きている現実はもっともっと複雑です。「世界平和」を求めてがんばっている人のほとんどが、特定の基地の反対運動に関わることもあります。そして基地を自分の裏庭に置かないために頑張っている人の（すべてではないが）多くが、個人の利益ではなく、世界の平和を最終目的としているでしょう。

特に沖縄ではそうだと思います。学校の窓をガタガタにさせる爆音で怒る人たちは、同じ戦闘機がアフガニスタンとイラクの侵略に利用されたことにも怒っています。米軍の暴力・暴行に、人々が感じる恐怖には、沖縄戦の時、米軍や日本帝国軍が非戦闘員に犯した暴力に対する恐怖の記憶も含まれているでしょう。

そして、ほとんどの人たちは、そのことのすべてには、お互いに関係があるとわかっています。軍隊組織は、人を殺し、財産を破壊するためにできています。その仕事が、他の組織との区別になる、軍隊の特徴です。軍隊の仕事をなすため、それぞれの兵隊はそのようなことができる人間に作り直す必要があります。つまり、命や財産を軽視できる人間になるように再訓練する必要があります。相対的に平和になっている時、軍隊組織は、ＰＲなどの目的で、そのような行為をなるべく抑えるように努力します。しかしそれにしても、特に海外に派遣されている時、そのような軍隊の本質が見えてきます。したがって兵士の周りの文民社会に対する軽視は、別の問題ではなく、戦争をする組織の性格の一面です。

この戦争をする性格は特に沖縄に駐留している米軍に見えます。米軍がどうやって沖縄にやって来たかというと、それは人を殺し財産を破壊して入った、ということです。実際のところ、沖縄にあった財産のほとんどすべて壊したでしょう。一九四五年から一九七二年まで、米軍は実質的に沖縄の「主権」を握って、統治しました。その「主権」は条約やその他の国際法に基づいていなかった以上、それは「征服権」に基づいていたとしか言いようがないでしょう。今日でも、米軍にとって沖縄の基地は「戦利品」だという米軍人もいます。米軍の直接統治の時代、沖縄人は法的に無存在の人間、つまり国も国籍も人権もない人間になっていました。

その状況の中、沖縄の人たちは、世界の反植民地闘争史ではかなり珍しい選択をしました。つまり、当時の植民者より、以前の植民者の統治下にいた方がましだろう、という選択です。経済的に豊かになりつつあり、新憲法の下で平和の国に見えたその時代の日本が、魅力的だったのでしょう。沖縄の復帰運動が止められない勢いになって、一九七二年沖縄は日本の県になりました。しかしその結果は、日本の平和憲法が沖縄に適用されると米軍基地がなくなると想像した人たちは悔しいほどがっかりしました。基地は残っただけではなくて、強化されました。そして初めて国際条約、つまり日米安保条約の下で正当化されました。その条約は、日米講和条約の条件として、一九五一年に結ばれたものでした。もちろん、当時にしてもその後にしても、沖縄の人たちが安保条約に関して相談されたり、賛成かどうかを聞かれたりしたことは一度もありません。

そのことは次のポイントにつながっています。今日のテーマは「基地と平和」になっているので、私は反戦反基地運動の各種類の枠組みとなる理念形を提案しました。その理念形は、一方の極点には純粋NIMBYの運動（基地は近くにいらないが、反戦平和の原理が入っていない）があり、もう一方の極点には、純粋世界規模の平和になるために努力するが、特定の基地や軍隊に対して闘争しない運動がある、連続体の形になっています。そして、ほとんどの実際に存在している運動は、その両極端の間のどこかにあるでしょう、とも言いました。

この理念形は私が考えたオリジナルなものとして描いたわけではありません。そうではなくて、この理念形が、場合によって意識的に、場合によって無意識の前提として、沖縄の反基地運動を理解するためによく使われていると思って、ここで提案しました。そして、この理念形を勧めるためではなくて、沖縄の状況、そしてその状況から生まれる運動を把握するために不充分だと思って、ここで書きました。私はなぜそう思っているかを以下で説明します。

このシンポジウムで、必ず一回以上皆さんの耳に入る言葉があります。それは、

「沖縄は日本の領土の〇・六%にしかなっていないのに、日本においてある米軍基地の七五%が沖縄に集中している」

という言い方です。

この簡潔で簡単に聞える批判は、実はかなり複雑です。まず、これは同時に二つの国に対してクレームをつけています。そして上述した理念形にある要素が全部入っています。つまり、基地の所在に対する批判ではありますが、ここは激しい戦争の歴史記憶を担っている沖縄ですので、この言い方はNIMBYの言い方ではないと分かります。しかしもうひとつの側面を持っています。基地の分配が乱暴なほど狂っているということに対する抗議は、平和主義からくるものではありません。それは不平等に対する抗議です。そして、その抗議は主に日本に対するものです。

このような抗議を、どのような言葉で呼んだらいいでしょうか。この抗議は、台湾と朝鮮を併合したと同じ時代、沖縄も併合して、正当な政府を強制的に覆し、日本の「県」にし、その住民を「大日本帝国」の臣民にした国に対する抗議です。そのような日沖関係の歴史文脈のなかで考えると、この抗議は「反植民地主義」という範疇に入るでしょう。

植民地主義はもう済んでしまった、過去の話であって、もし現代に当てはまるところがあれば、それは貧しい南の国で、沖縄ではない、と思っている人が多いとわかっています。そして、米軍統治の下で苦しい状況から解放を求めて、沖縄が本来日本の一部だと主張して復帰運動を繰り広げた歴史の現在までの響きによって、多くの沖縄の方々が、日本は植民者で、沖縄が植民地であるということを認めにくいのは当然でしょう。むしろ、「植民地」より適切な言葉があるかもしれません。

にもかかわらず、ひとつのはっきりした事実がのこります。それは、七五％対〇・六％という統計に対する怒りが、NIMBY型の反応として説明できない、ということです。近くにある基地の迷惑や危険性だけで反対している人には、別のところで基地が少ないということはまったく関係ないでしょう。また、その統計に対する怒りは、純粋絶対平和主義でも説明できません。世界からすべての戦争が廃止される将来を求めている人は、今現在軍基地はどこに何％あるかということを、別に気にしないでしょう。

そうではなくて、それは不平等に対する怒りなのです。

興味深いのは、この統計をスローガンにすることが、タブーを破るぎりぎりのところまで行くが、結局破らない、という形になっていることです。つまり、もし分配の不平等が問題であるならば、分配の平等が常識的な解決でしょう。ところが、この結論までの論法が完璧であるにもかかわらず、それを口にすることは、嵐のような批判を招くことになっています。

実は、その人数は少ないが、その立場をとって、その嵐を耐える人がいます。その人たちはNIMBYだとか、本当の平和主義者ではないとか、自分の地域の利益だけを求めるエゴイストなどと批判されます。彼らに対するお決まりの反論は、「自分の苦しみを人に押しつけるべきではない」「基地をある場所から別の場所へ移すことは、世界平和に何の貢献にはならない」などがあります。

しかし、その言い方の対象となっている個人をちょっとでも知っている人がわかるように、その批判はまったく当てはまらないにもかかわらず、その批判は言われ続けます。明確に当てはまらないのなら、その言い方はどこからくるのでしょう。それはそれぞれの批判されている人の性格、生活などから、結論を下したものではないので、帰納法という方法ではありません。そうではなくて、それは演繹法という考え方です。私が上述した「ＮＩＭＢＹ―純粋平和主義」という枠組みから出した結論であるらしいです。しかしこの枠組みだけで考えると、「県外移設」の言い方が提起しようとしている問題、つまりその枠組みに入らない不平等＝植民地扱い＝差別の問題、を見えなくすることになるでしょう。

このように考えましょう。今の日本では、憲法九条を守るための、とても強い社会運動があります。九条を守るための組織が数千もあります。憲法九条を世界遺産にするべきだという本がベストセラーになっています。九条にノーベル平和賞を与えるような運動もあります。

ところが、三十、四十年前の日本の反戦平和運動とちがって、日米安保条約を廃止することを積極的に求めている組織が本土日本にはほとんど残っていません。今の反戦平和運動が、安保に触れることさえも少ないでしょう。「安保」という言葉が索引にのっていない「平和」や「九条」についての本もでています。安保にふれること自体が、タブーに近いでしょう。

最近、憲法九条が世界遺産になることが可能かどうかと、ある本土の女の人が私に尋ねました。私は、安保がある限り、それは無理だろうと答えると、彼女はとてもショックをうけました。「安保をなくすんですか。だって、日本は無防備でしょう。ほかの国は武器をもっているのに。それ、危ないじゃないですか！」と。これは、実際存在している社会の中で、純粋ＮＩＭＢＹの考え方にもっとも近い例でしょう。あるいは、彼女は自分の住んでいる国に外国の軍基地を置くことを支持しながら、自分が平和主義者だと想像しているので、これはただのＮＩＭＢＹの考え方をはるかに越えています。

この考え方の中の分裂はどうして可能でしょうか。

沖縄を利用して、できていると思います。一方に、平和憲法のある平和な（世界遺産として選ばれるかもしれない）日本があります。他方では、米軍基地のある「かわいそうな」沖縄がありますす。米軍基地を「沖縄問題」という箱に片付けています。「沖縄の人はなぜもっと反対運動しないかしら。どうして我慢できるのか、私にはわからない！」と。安保条約を口にすると、この矛盾と不合理でできている、もろい構造を粉砕するかもしれないので、タブーです。安保は、東京にある日本政府と米政府との条約で、上述したように、沖縄は批准もしていないし、相談もされていません。日本が米軍基地を沖縄に置きました。それは沖縄問題ではなくて、日本問題です。

このような状態を沖縄の立場から眺めると、どのように見えてくるでしょう。

「なるほど。日本では、九条を守る大きな運動を起こしていますが、安保廃止運動をほとんどやっていない。日本人の行動から判断すれば、彼らがほしいのは、平和的日本（の幻想）プラス米軍基地。ところが、その基地のほとんどが、ここにある。沖縄人は基地がほしいと言ったこともないし、安保に賛成したこともない。だったら、基地はいらないと言っている人のところではなくて、基地がほしいといっている人のところに置いた方が、フェアなのではないでしょうか」と。

この論理が、簡潔で暗黙な形で、「〇・六％の領土には七五％の基地がある」という式に全部はいっています。繰り返していうと、「不平等は不正」と言うなら、「平等なら正義」だと同時に言っていることになります。興味深いことですが、多くの人は前者を言うが、後者を言葉にする人は少ないです。

しかし後者（県外移設）を言葉にしなくても、前者（〇・六％対七五％という式）にそれも完璧に含まれていると思います。その結論をタブーにしても、結局避けられないでしょう。

非ブッシュ賞

——バラック・オバマのノーベル平和賞受賞演説

私は沖縄国際大学で国際関係論を担当している。去年の秋、その講義初日の数日前に、二〇〇九年のノーベル平和賞がバラック・オバマ米大統領に授与されることが報道された。教育的に、これは便利なことだった。学生に言った。

「ここに謎がある。今現在二つの戦争に関わっている史上最大の軍隊の最高司令官が平和賞を受賞した。それを誉めるか批判するかという問題ではない。重要なのは、その決定を可能にする平和論とはどのようなものなのか、を考えることだ。要は、そういう平和論が存在している、ということだ。実は、現在の世界の国際関係のほとんどは、その理論の下で行われている。軍事力なしでは平和を保障できない、という理論だ。その理論をわからないと、現在の国際関係もわからないし、この大学の隣にいる彼らがなにをやっているもわからないだろう。」

沖縄国際大学の隣人（教室の窓から見える）は米海兵隊の普天間基地だ。その大学の学生にとって、国際関係の理解が、その基地と自分の大学の間の金網を理解することから始まるだろう。もちろん、米大統領に平和賞を授与することは忌まわしい。と同時に、それにはそれなりの論理がある。その論理が、現在の国際関係の根拠となっている忌まわしい論理だ。したがって、ノーベル平和賞委員会を批判してもしかたがないだろう。その委員会は、ありのままの世界を見て、決定をするしかないからだ。

これまでの受賞者を振り返ってみると、ノーベル平和賞委員会は、いくつかの別々の根拠によって賞を決定しているようである。

本当の平和主義の個人や組織に賞を与えることもある。ジェーン・アダムス（一九三一年）、フレンズ奉仕団（クエーカス）（一九四七年）、キング牧師（一九六四）、アウン・サン・スウ・チー（一九九一年）などがその例だろう。特に平和主義でなくても、人の苦労を減らし、生活をよくしようと努力している個人や組織に与えることもある。赤十字（一九〇一年、一九四四年）、アルベル・シュワイツァー（一九五二年）、ムハマッド・ユヌスとブラミーン・バンク（二〇〇六年）をあげられるだろう。しかし、平和主義者どころか、たくさんの暴力を起こした責任のある人に、与えることもある。ヘンリー・キッシンジャーとリ・ドゥク・ソ（一九七四年：リ・ドゥク・ソは平和賞を断った唯一の受賞者）、アンワル・アルサダットとメナチェム・ベギン（一九七八年）、ヤセル・アラファット、シモン・ペレズとイッツァック・ラビン（一九九五年）、ジョン・ヒュームとダヴィッド・トリンブル（一九九八年）などがその例だろう。

アラファット、ペレズ、ラビンの平和賞受賞には、私はなるほどと思った。ノーベル平和賞を獲得するには、まず多くの人を殺し、そしてそれを止める、あるいは、なるべく減らすように努力すると約束する、という方法があるということだ。

オバマのノーベル平和賞はどちらかと言うと、その最後の範疇に入るだろう。ただ、大きな違いが一つある。彼が減らすと期待されている恐ろしい暴力は、彼自身ではなく、彼の前の米大統領のブッシュが起こしたことだ。彼の受賞が報告された時、アメリカのタイム誌を含む多くの雑誌や新聞には、オバマは「ブッシュになっていないために」賞を受賞した、という皮肉な大見出し出た。それはかなり当たっているだろう。ノーベル平和賞委員会も含めて世界中の多くの人は、アメリカの有権者がブッシュの政策を続けないと言っていた候補者を選んだことで、かなりほっとしただろう。

ところが、オバマが候補者ではなく実際の米大統領になった現在、ブッシュとの距離がどれだけあるか、が問題になる。それを考えるのに彼のノーベル賞受賞演説はとても役に立つ。なぜなら、その演説でオバマ自身がその疑問に答えようとしているからだ。

二つの演説

二〇〇九年十二月一日、オバマは米陸軍士官学校で、アフガニスタン戦争にさらに三万人の米軍を派兵することを決めたという演説をした。したがって、その九日後のノーベル賞受賞演説には、説明しなければならないことが多かった。つまり、受賞者として、自分とブッシュとはどこが違うか、を世界に説明しなければならないことになっていた。と同時に、米大統領と米軍最高司令官として、その違いはそれほど大きくないということ、も認めなければならなかった。そして、それはなぜかということの説明が必要だった。

ブッシュと距離を置く方法として、まずオバマはノーベル賞受賞演説において、ブッシュの名前を一度も口にしなかった。そして、ブッシュのイラク侵略について、その戦争は「終わりに近づいている」という言葉以外に触れなかった。また、ブッシュの単独主義を批判し、外交と交渉の受容性を話した。そして、武力を行使した場合「一定の交戦規定」（国際法のことだろう）を守るべきなので、彼は拷問禁止令とグアンタナモ刑務所廃止令を出したと説明した。

一つの戦争を終わらせることはいいことだ（彼にできることなら）。しかし、彼がエスカレートさせたばかりのもう一つの戦争はどうだろう。それを正当化するため、オバマは二つのテーゼを弁護しなければならなかった。（1）軍事力で平和を実現できる、（2）米国の軍事力は、過去も現在も、平和を実現するような勢力になっている、という二つだ。

オバマは雄弁な演説家であり、この二つのテーゼを直接取り上げ、雄弁に弁護した。その（1）に対して、「そう、平和を維持する上で、戦争という手段にも果たす役割があるのだ」、（2）に対して、「いかに過ちを犯したとしても、その国民の血と軍の力で六十年以上にわたり、世界の安全保障を支えてきたのは米国だ」と言った。

しかしこの演説を理解するためには、言ったことだけではなく、言わなかったことにも注意しなければならない。すなわち、いくつかの重要な言葉が欠如している。その一つが「帝国」である。

というのは、「軍事力は平和を実現できる」という説は、実は二つの形になっている。一つは力の均等論。それは、もし二つの国の軍事力がだいたい同じであるならば、その間に戦争が起こる確率が下がるだろう、という説だ。もう一つは「パックス・イムペリウム」(pax imperium) 論である。それは、もし一つの国の軍事力が他の国々のそれより圧倒的に強いなら、反乱や戦争はどこで起きてもそれを制圧できるという方法で、一種の平和を実現できるだろう、という説だ。その模範はパックス・ロマーナ (pax romana) である。

冷戦期の国際関係の構造に、両方のシステムが使われた。米国とソ連の間に、一種の力の均等があった。(実は両側には核兵器があったため、その状態は力の均等のグロテスクな風刺になっていた。そのシステムには、「確実相互破壊論」(mutually assured destruction＝MAD) という〝適切〟な名前を持っていた。) 米国もソ連も、第三次世界大戦が始まればどちらも勝てないとわかっていたようで、その戦争は起こらなかった。しかし、ぎりぎりだった。

米ソそれぞれの影響圏の中では、大体二つめの説の状況になっていた。つまり、パックス・アメリカーナの領域とパックス・ソヴィエターナの領域。とはいっても、それぞれの領域に戦争はなかったということでもないし、戦争が少なくなったとも言いにくい。そして自分の影響圏のなかの戦争にしても、それぞれの帝国が必ずしも勝ったわけでもない。ソ連はアフガニスタンで負けたし、米国はベトナムでも負けたのだ。

米国側では、国連の存在によって複雑になっていた。形として、世界の安全を保障する責任者は国連であって、米国は、また形として、それを認めていた。

ソ連の崩壊によって、その世界規模の力の均等（破壊の均等）状態はなくなり、残ったのは中途半端なパックス・アメリカーナ状態だった。なぜ中途半端かというと、米国の力は世界のあらゆる地域まで、同じように届いていないからだ。父ブッシュやクリントン大統領の時代、そのことは間接的に表現されていた。米国は「世界唯一の超大国」だといいながら、国連の権威も形式的に認めていた。

ブッシュによる大変革

息子の方のブッシュ政権になると、大きな変化があった。その変化が量的か質的かは、将来の歴史学者が議論する点だと思うが、大きかったのは間違いない。特にその変化のうち、以下のことが重要だろう。

＊米国は国連を無視し、単独的に行動してもよい。
＊米国は国連憲章第三十三条（交渉の義務）を無視し、敵対している勢力と交渉を断ってよい。
＊米国は国連憲章第二条の四（侵略戦争の禁止）を無視し、他国を侵略してもよい。
＊米国は米国の利益に合わない他国の政権を倒し、自国の利益になるような政権に交代させてもよい。
＊米国は他国内で、他国の国民を逮捕し、監禁してもよい。

＊米国は一九四九年ジュネーブ条約（捕虜の扱い）に縛られていない。
＊以上のそれぞれの権利は米国以外の国に適用せず、米国のみのものである。したがって、国際法は「法の下の平等」の制度から、支配する国における法と支配される国における法は異なる、という制度に変わる。

このような変化が米国のなかで起こっていたとき、「帝国」という言葉の使い方にも大きな変化があった。国連創立以来息子ブッシュ政権まで、「帝国」とは米政府を批判していた人の抗議の意味の言葉だった。しかし、九・一一事件とその後のアフガニスタン侵略のころ、米政府を支持する人たちがその言葉を肯定的に使い始めた。そう、アメリカは帝国だ。それでよかったじゃないか、と。政府の官公使はその言葉を口にしなかったが、同じことを考えていたに違いない。

オバマの受賞演説へ戻ろう。上述したように、その演説でオバマはまさにブッシュではないと、ノーベル平和賞委員会だけではなく、世界中を安心させなければならない。そのため、先述の米政府の変化（少なくともその中のいくつか）を否定しなければならない。オバマはそれにどこまで、成功するだろうか。

まず、「戦争は良くなく、平和の方が良い」と言っているところを全部無視しよう。それは誰でも言うことだ。政策についてオバマが何を言うかを見てみよう。

＊米国は交渉を重視すべきだと言った。
＊米国はジュネーブ条約を守るべきだと言った。

＊米国は拷問をやめると言った。
＊米国はグアンタナモ刑務所を閉鎖すると言った。
＊直接は言わなかったが、イラク戦争は間違いだったと解釈できる言葉を使った。
＊世界の核兵器を少なくするように努力すると言った。
これはすべて良いことだ。我々は、ノーベル委員会と一緒になって、彼がそれに成功するように希望を持ってもいいだろう。しかし、彼が他に言ったことと、言わなかったことも見なければならない。
＊米国がその最も重要な創立者であるということ以外、国連のことにほとんど触れなかった。
＊世界の安全を保障する勢力は（国連ではなく）米国だと言った。
＊イラク侵略は戦争犯罪だと言わなかった。
＊グアンタナモ刑務所にいる囚人たちの監禁は無法だと言わなかった。
＊拷問を禁じる大統領令を出したと言ったが、その令を出す前に行った拷問が犯罪だったと言わなかった。
＊米国のアフガニスタン侵略と強制的政権交代は間違いだと言わなかった。
その最後のところを、オバマはもちろん言えなかった。その戦争を自分の責任で続けているし、受賞演説の九日前の演説で、それをエスカレートすると報告した。受賞演説では、アフガニスタン戦争を「米国は求めなかった戦争」だと言った。その前の演説では、その意味をもっと明確にしていた。「タリバンがオサマ・ビンラディンを引き渡すのを否定した後に初めて、我々は軍隊

をアフガニスタンに派兵しました」と言った。まずその「我々」に注目すべきだ。その言葉で、彼の政権と前の政権とが結びづいている。もっと重要なことは、ここでオバマはジョージ・ブッシュの最も見えすいた嘘の一つを繰り返していることだ。

米国がアフガニスタン侵略を準備していたころ、アフガニスタンのパキスタン大使アブデュル・サラム・ザイフが、自分の政府は交渉をしたいと繰り返して言った。その政府の立場は、ビンラディンは九・一一事件と関係があるという証拠を見せてもらわない限り引き渡さない、ということだった。ザイフその他の政府の高官はいろいろな交渉可能な申し出をした。例えば、証拠があればアフガニスタンで逮捕できる。アフガニスタンで起訴することも可能。イスラム法を使っている第三国で裁判を起こすことも可能。裁判が始まってから証拠を出すことも可能、など。

このようなオファーに対してブッシュ政権は、「我々はタリバン政権と交渉しない」ということだった。

言うまでもなく、証拠を見せてもらってから引き渡すかどうかを決める、ということは「否定」ではなく、国際関係の常識だ（米国の場合なら、引き渡す時、裁判官の前で審議があり、決定するまで数年間もかかることがある）。

そもそも、引き渡すには、その二国間に引き渡し条約が結ばれて初めて義務になる。米国とアフガニスタンの間にはそのような条約がないので、アフガニスタン政府は引き渡す法的な義務はなかった。

ちなみに、侵略数週間後、ザイフ大使はパキスタンで逮捕され、グアンタナモ刑務所に監禁され、拷問された。二〇〇五年、彼は起訴なしで釈放された。

このように始まった戦争を、オバマはエスカレートしているのだ。

ブッシュのもう一つの革新的政策は、テロを刑事問題ではなく軍事問題として扱うということだ。「テロに対する戦争」の開戦以来、容疑者を探し、逮捕し、起訴するのではなく、容疑者のままで殺す、または起訴なしで監禁する、というやり方になった。オバマは「テロに対する戦争」という言葉を避けているらしいが、その政策を止めてはいない。

ノーベル平和賞受賞演説では（さすがに）「殺す」という言葉を口にしていないが、米陸軍士官学校でのエスカレーション演説には以下のような発言がある。


（アフガニスタンで）我々は、いくつかの重要な目的における進歩を遂げました。アルカイダとタリバンの幹部指導者が殺害され（た）。


殺害されたのは、刑事法の常識でいうと、容疑者だ。

そういう意味で、米国の「テロに対する戦争」は終わっていない。

世界の大統領

それぞれの個別な発言とは別に、オバマの受賞演説のムードは、オバマ個人としての発言でもなく、米大統領としての発言でもない。世界の大統領として語っているように聞こえる。もちろん、数十年前から、米大統領の演説にはそういう響きはあったが、肝心なのは、その点で、オバマには何のチェンジも見えないということだ。

その傲慢さが特に目立つのは、彼が世界のあらゆる国と民族に、戦争と平和についてどう考えるべきかというお説教をしているところだ。例えば、

すべての責任ある国家は、平和維持において、明確な指令を受けた軍隊が果たし得る役割を認めなければならない。

または、

しかし、多くの国で、任に当たる者たちの努力と、一般市民の抱く相反する感性との断絶がある。私は、なぜ戦争が好まれないのか理解している。だが、同時に、平和を求める信条だけでは、平和を築き上げることができないことも分かっている。平和には責任が不可欠だ。平和には犠牲が伴う。そうだからこそ、ＮＡＴＯが不可欠であるのだ。そうだからこそ国連と地域の平和維持を強化しなければならない。いくつかの国だけにこの役割を委ねたままにしてはいけないのだ。

やっと「国連」という言葉を使うが、その平和維持活動に軍を送らない国や送りたくない国民を叩くためだ。日本の平和憲法を変えようとしない日本国民を「無責任」だと。これはチェンジではなく、米政府のお決まりな物言いだろう。

しかし、ノーベル平和賞受賞演説で、こんなことを聞かされなければならないこと自体が新しいのは確かである。

我々はできるのだ！　しないけど

――Yes We Can! But We Won't

在沖米領事館から歩いて行けるところに、スターバックスがある。そこでは、時々コーヒーを注文すれば、テーブルで仕事をやってもいいので、私はつれあいと二人で行くことがある。ケヴィン・メイヤーが領事だった時、彼もよく出入りしていた。

ある日、私たちのすぐ隣に座っていた彼が、若い沖縄の女性に、ナンパに聞こえる話をしているのが聞こえた。

「沖縄では、僕に友達はいないの。『メイヤー、ゴーホーム』という看板をたてる人もいるの」ちょっとめそめした声で、まあまあ上手な日本語で話していた。彼女は、期待された役をちゃんと演技して、「ああ、かわいそう」とか答えていた。

メイヤーは、ブッシュ大統領に任命された、ネオコンで、沖縄では傲慢で無礼な人として有名だった。去年、米軍が強引に、船いっぱいの兵士を石垣島に「レクリエーション」のために上陸させた時、メイヤーはわざとその船に乗り、反対デモをしている住民に（日本語で）「バカヤロー」と叫んだのは、沖縄の新聞に大きく取り上げられた。外交官が彼の本職なはずなのに。そのしばらく後、また新聞に出た。同じスターバックスで、男のお客さんが、熱いコーヒーを彼のひざにかけ、「帰れ！」と叫んだ。沖縄で友達があまりいなかったのは確かなようだ。

選挙運動では、オバマ候補者は、沖縄に何の約束もしなかった。（政治家が、参政権のない人に約束しないのは当たり前だが）しかし、彼はお見事に曖昧なスローガン、つまり「チェーンジ」（変化）を使い、世界中の多く人たちと同じように、沖縄の人たちの多くは希望を抱いた。そして彼が当選してしばらくすると、メイヤーが沖縄から消えた。ところが、彼はクビになったのではなく、昇格し、国務省の日本担当の次官になった。つまり、日本全国に向いている、オバマ政権の顔が、メイヤーの顔になったのだ。

しかし、オバマ氏は沖縄に何も約束しなかったが、日本の民主党は約束をした。最近の選挙運動では、沖縄の北部にある辺野古に、新しく米海兵隊の軍基地を造る計画を取りやめる、という公約をした。

ちょっと背景を説明しよう。一九九五年、三人の米軍兵士が女子小学生を誘拐し、ギャング・レイプした。その事件によって、米軍基地に対してたまってきた怒りが爆発した。県民大会が行われ、八万人が集まった。それは、沖縄の大体百二十万の人口のうちのかなりの部分だ。日米政府は、何かをしなければならないと判断し、結局人口密度の高い宜野湾市のど真ん中に居座っている普天間海兵隊航空基地を返還すると発表した。ところが、それは条件付きだった。普天間基地の廃止やアメリカへ帰るのではなく、沖縄の北部にある辺野古へ移設することが条件だった。そのことが大きな反対運動を生んで、その運動は現在まで続いている。辺野古の住民は、この計画が、昔から自分たちの暮らしの手段になっている海を壊すので反対している。特にお年寄りには、沖縄戦とその直後、この海から食べ物が取れたために、自分と自分の子どもたちが生き残ったという記憶があり、海に対する感謝の気持ちが強い。環境運動の人たちが指摘しているのは、この基地の計画地が、棲息数が少なくなっているジュゴンという、海に生活している動物の、もっとも北部にある生息地にあたっているので、基地建設はその動物の全滅に繋がるだろうということだ。現在、基地に居座られている宜野湾市の女性たちが、辺野古まで行って、戸別訪問運動をした。それは、この基地を受け入れてください、なのではなく、自分がずっと苦しんだ基地の被害、つまり爆音、事故、公害、米軍による犯罪などのことを説明し、基地に反対するように説得しようとした。そして、現在の基地の撤去や辺野古の新基地の建設に直接影響を受けない人も含めて、ほとんどの沖縄人が、日米政府が基地を沖縄のあるところから別のところへ移設するだけで、沖縄人をごまかすことができると思っていることで、怒っている。

抗議運動は激しく、根強い。辺野古の人たちは、辺野古の漁港で連続座り込みをやっている。最近（二〇〇九年の秋）休まずに二千日間続いたという記念行事があった。辺野古住民の東恩納琢磨氏のリーダーシップの下で、シイ・カヤックの部隊ができて、基地建設の準備のための測量や地質調査を非暴力的に邪魔し、建設計画を数ヶ月間、もしくは数年間（もしくは永遠に）遅らせた。この建築計画が、アメリカの海外の建設プロジェクトが文化遺産を守らなければならないというアメリカの法律に違反しているではないかという、裁判（沖縄ジュゴン対ラムスフェルド）をサンフランシスコで起こした。二〇〇五年に、「沖縄のジュゴン」に有利な判決がでたが、それが米政府の政策に影響を与えた証拠がない。運動、活動、選挙の結果、多くの世論調査などで、この基地は沖縄から完全に出てほしいという沖縄人の意志がはっきりしている。

確かに、その要求をどの形にするべきかに関して、沖縄の中で、意見は分かれている。反戦純粋主義者が、沖縄からなくなる基地はどこへ行くべきかについて、運動側が絶対に言ってはならない、と言う。自分の苦しみを他人に押し付けてはならないし、自分が平和主義者である以上、基地を「移設」するのではなく、「廃止」するように要求すべきだという。それに対して、これは反戦平和の問題だけではなく、反植民地扱いの問題でもある、と考えている人々もいる。在日米軍基地は、日米安保条約の下にあるが、その条約は、私たちとの相談なしで、米軍の直接沖縄統治の時代に、東京で結ばれた条約だと指摘する。昔は、日本の安保反対運動は強かったが、それはだんだん小さくなり、現在ほとんどの日本人は、その条約にあまり不自由を感じていないらしい。そしてその「不自由を感じない」前提として、その条約の下にある基地の七五％が、日本の領土の〇・六％しかない沖縄にある、ということがある。日本で反安保運動が見当たらないことから判断すれば、どうも日本の人々は米軍基地を日本の領土に置いてほしいようだ。そうであるならば、その基地がほしくない人々のところではなく、ほしい人々のところに置いたほうが、フェアーではないかと、考えているのだ。（例えば、米政府が、どこかの外国の軍基地を米国内に置くという条約を結び、そしてその七五％をプエルトリコに置く、ということをもし読者が想像できれば、それは適切な比較になるだろう。）

またグアムへ移設するべきだという意見もある。形式的に、グアムはアメリカの領土だから、という。しかし、自分が植民地化された民族だと思っている沖縄人は、グアムのチャモロ先住民も植民地化された民族だと見ていて、それより、沖縄を植民地にしている日本へ基地を移設した方がいいという。

数年前まで、沖縄の基地を本土日本へ移設すべきだという言い方は、タブーに近い扱いだった。主な理由のひとつは、それを言うとヤマト日本人に怒られるが、それに反対していると「優しい」とほめられるからだ。しかし最近そのタブーが破られ、県外移設が公の議論に入ってきた。そしてそのタブーがなくなると、実は多くの沖縄の人が支持していることが分かった。だからこの間の全国選挙で、民主党が、普天間基地の「県外か国外移設」を公約した。そのため、民主党が政権をとるために、とても重要な支持を沖縄から得た。

今度の問題は、民主党には、この公約を守る肝があるかどうか、ということだ。

選挙の前から、アメリカがその公約を破るように、民主党に圧力をかけている。選挙前、民主党の勝利が大体決まっていると分かった段階で、クリントン国務長官が来日し、当時の麻生太郎総理と「グアム協定」というものを結んだ。それは、その後の日本の新しい政権は、消え去る政権が決めたことを、守るべきだという協定だ。つまり、それは次の政権がどんなことを言っても、普天間基地は辺野古へ移設し、数千人の海兵隊はグアムへ移し、日本政府がその費用を払うなど、以前決まったことの繰り返しだった。そして鳩山氏が新総理になってから、ゲーツ国防長官が来日し、外交の礼儀をわざと破り（例えば呼ばれた食事会を欠席するなど）、オバマ政権は沖縄政策に関して「チェーンジ」を絶対に許さないと、なるべくはっきりと（露骨に）言った。普天間基地は辺野古へ移設するか、宜野湾市に残るか、どちらかだ、と。

それで鳩山政権は揺れ始めた。岡田外務大臣が、「公約」と「選挙で約束したこと」との違いを説明し始め、民主党の普通の体制党への変身がもう始まったと、多くの人が考えている。米国務省のアジア担当となっているカート・キャンベルが、民主党の勝利をどう受け止めるかというテーマのシンポジウムで、アメリカはそれを歓迎するべきだと言った。日本政府には、ある程度の独立があった方が健全だ、と。これは役に立つ失言。つまり、キャンベルによると、今までの政権には、「ある程度」の独立もなかった、ということだ。日本の新政権は、それよりよくできるかどうか、そろそろ見えてくるだろう。

しかし、米政府が脅かしても、そして、日本政府が揺れても、辺野古の住民は両政府が辺野古計画をあきらめるまで戦い続けるだろう。

要石

応力図

日本への「復帰」以前、沖縄の車のナンバープレートには、「Keystone of the Pacific」（太平洋の要石）と書いてあった。今ではそれはなくなっているが、沖縄が何かの要石だという比喩が現在まで伝わっている。

私はその言い方は、ある意味で当たっていると思うが、しかしそれは軍事戦略的な意味ではない。多くの人は、沖縄は地理的な位置として「要石」だと考えているらしい。数週間前、私は「だって、沖縄は一番近いでしょう」と言われたが、どこに一番近いというのだろうか。仮想敵が中国や北朝鮮ならば、九州の方が近い。ところが今の軍事状況では、「近い」は必ずしも有利なことではない。圧倒的に強い空軍力を持っている米軍が遠くから攻撃する能力があるのに、仮想敵の中間射程距離のミサイルが届くところに、基地をわざと置くことは極めて賢くないことだ。さらに、一発でやられないために、自分の勢力の多くを一箇所に集中しないという、軍事戦略論入門で教えられる法則を沖縄の米軍基地は明らかに破っている。

軍事戦略といっても、何の戦略だろうか。まず、沖縄の基地は沖縄を守るためなのか。それはとんでもない話だ。米軍が沖縄で一番守りたいのは、基地だ。なるほど。本土日本を守るためか。であるならば、なぜ遠い沖縄に置くのだろうか。そして、実は、例えば普天間基地の海兵隊はイラクやアフガニスタンに行ったり来たりしている。イラクにいる米軍はどうやって日本を守るのだろうか。

実は、米軍基地はなにを守っているかというと、それは米国の七百以上の海外米軍基地でできている基地帝国である。つまり、基地は基地を守るためだ。そして、その基地帝国の中で、沖縄は特に要石にはならないだろう。

沖縄が米軍の戦略的な要石になれないのなら、どんな要石になっているのだろうか。それを考えるために、(比喩ではない)要石は一体どのように機能しているのかを考えてみたい。具体的に、要石はアーチを建築した時に使われる石なのだが、その石はどのように機能しているのか。ここでアーチの応力図を想像してみよう。

アーチとは、二つの石の積重ねで出来ている。その積重ねられた石のそれぞれの力は反対向きになっている。左側の石は右へ、右側のは左へ落ちたがっている。そのままだと、両方は自然に崩れるが、間に要石を入れると、そうではない。つまり、要石は、そのアーチを崩す力を、それを固定する力に切り替える。アーチを破壊する勢いを、魔法のように、それを固める勢いに替えるのだ。

では、もし沖縄が要石だというなら、その比喩はどのような現実に基づいているのだろうか。どのような矛盾している勢力を固定しているのだろうか。

最近の世論調査によると、日本国憲法の第九条を変えない方がいいと答える日本人は六四％（朝日新聞二〇〇九年四月）だが、日米安保条約がアジア太平洋の安全に貢献していると答えるのは七五％（読売新聞―ガラップ、二〇〇九年十二月）である。この数字を見ると、これは社会全体の矛盾だけではなく、かなり多くの個人の頭の中の矛盾でもある。

私は両方の意見を持つ人とよく会う。または、「安保」と「九条」は別枠だと思っている人もいる。ごく最近私はある県の反戦平和の講演会のあと、護憲運動をやっている主権者に、「安保と九条と関係があると今日初めて知った」と言われた。実はこの、九条を守る運動は日本でかなり盛り上がっているが、一昔前反戦平和運動の中心になっていた反安保運動はほとんどなくなっている。安保反対をいう人はいるが、それは大体六〇年や七〇年安保闘争のベテランだろう。安保反対の「意見」を持つ人がいても、体を動かしたり、その「意見」を公で表現したりするほど、反対している人はほとんどいないようだ。

つまり、主流世論を代表している個人は、以下の考えを持っている人だろう。

1　私は平和を愛している人です。平和憲法の日本に住んでいるのは、居心地よい。憲法九条をなくすのは、反対です。

2　日本の近くに怖い国があるので、米軍が近くにいないと不安です。

もちろん、この二つの意見は見事に矛盾していて、一つの社会の中で、または一人の個人の頭の中で成り立つはずがないだろう。その成り立つはずのない、二重意識はなぜ崩れないのか。

答えは沖縄だ。

日米安保条約から生まれる基地を「遠い」沖縄に置き、基地問題を「沖縄問題」と呼ぶ。基地のことを考えたいとき（福生や横須賀ではなく）「遠い」沖縄まで旅し、「ああ、大変」と思い、平和な日本へ戻ってくる。つまり、軍事戦略の要石として沖縄の位置は特によくないが、日本の矛盾した政治意識をそのまま固定するために、遠いけれども遠すぎてはおらず、近いけれども近すぎてもいない、ちょうどいい距離だ。

その「距離」とは、地理的なことだけではない。ヤマト日本人の（潜在）意識の中で、沖縄は二つあるらしい。ひとつは日本の一部としての沖縄で、もうひとつは海外としての沖縄、である。日米安保条約の下で、米軍基地を日本に置かなければならない。沖縄は法的には「日本」になっているので、なるべく多くの基地を沖縄に置けば、条約の義務を果たすことになる。また、平和憲法の下で日本本土に外国の軍基地を置くことはふさわしくないので、なるべく多くの基地を「海外」の沖縄に置けば、自分が平和な日本に住んでいるという幻想を（辛うじて）維持できる、ということだ。

これは、沖縄が要石となっているアーチの応力図だ。そのアーチが崩れないためには、もうひとつの条件が必要である。それはなるべく考えないということだ。だからこそ、もっとも聞きたくないのは、基地の県外移設のことだ。その話は、アーチの要石を抜くことになるので、極めて怖いのである。自分が支持している（または大して反対していない）安保条約は、米軍基地を自分の住んでいるところに置く、という意味の条約だということを、なるべく考えたくないのだから。

あの統計

沖縄のひとは、「基地」に関して話し始めると、必ずといっていいぐらい、「あの統計」に触れる。つまり、「沖縄は日本全国の領土の〇・六％にしかないのに、日本にある米軍基地の七五％は沖縄にある」と。確かに、これは信じられない統計だ。逆にいうと、のこりの二五％の基地は、沖縄以外の九九・四％の領土にあるということだ。人口で計算すれば、沖縄人の一人当たりの基地負担は、ヤマト日本人の二八〇倍（嘉手納町の場合、それは一四八〇倍）になっている（琉球新報二〇一〇年五月十五日）。

この統計は激しいと同時に、それを発言することが（言葉はごく簡単なのに）かなり複雑な意味を持っている。つまり、二つの国に対する批判と、その批判の根拠となる二つの原理が含まれている。もちろん、基地は米軍のものだから、米軍に対する批判である。しかし基地の負担を沖縄にもたらしているのは日本なので、日本に対しての批判でもある。そして、基地は戦争のためなので、基地に対する反発は反戦平和の原則に基づいている。しかし、反戦平和の原理だけであるならば、統計自体は何のためなのだろうか。反戦平和の原理だけならば、基地の何パーセントがどこにあるかは関係ないだろう。反戦ではなく、〇・六％対七五％のあの統計は不平等を物語っているのだ。そして不平等があまり激しくなると、それは差別になるし、ある民族に対して激しい不平等の状態を強制すると、それは植民地扱いということになる。

ごく普通に考えれば、不平等の解決は平等だろう。ところが、ほとんどの沖縄の人はあの統計を言って、不平等に不満を表現していたが、次のステップを踏んで、「したがって平等がいい」と言った人は、最近まで非常に少なかった。つまり、その解決策はタブーだった。県外移設の話をすると、人は困り、戸惑い、怒り、場合によってパニックに近い状態になることもある。その話によって、優しい、のんびりした癒しの島＝沖縄のイメージがくずれる。なぜなら、県外移設の話には、要石を抜く力があるからだ。

そんなまったく常識的な考えがタブーになることは極めて珍しいことだ。いや、それは常識的ではないとまだお考えになっている読者は、もう一回次の論法を考えてください。沖縄から本土を見ると、どうも、あの人たちは日米安保条約が欲しいようにみえる。安保反対運動はほとんど見えないし、反対「意見」を持っている人はいても、体を動かして反対する人がほとんどいない。上述したように、世論調査によると、全国の安保支持率は七五％である。それに対して、沖縄での安保支持率は七％だ（琉球新報二〇一〇年五月三十一日）。安保条約は、米軍基地を日本領土に置く、という条約だ。安保を支持することは、米軍基地を置いてほしい、という意味以外何物ではない。であるならば、その基地を「欲しくない」人のところを置くよりも、「欲しい」と言っている人のところに置くのは、珍しくない、ごく当たり前の考えなのではないだろうか。

廃止論

ところが、最近タブーを破り、この常識的なことを言う人が大分増えてきた。そうすると、一種の平和主義者（特に本土の）から、批判がくる。「移設ではなく、廃止でしょう」と。理由はもっともだ。軍基地をある場所から別の場所へ移すだけでは根本的な解決にはならない。新しい場所で、前と同じように住民に迷惑を掛けるだろうし、戦争もする。運動は反戦平和の原理に基づいている以上、基地の移設を支持できるわけがない。反戦平和運動は、基地の所在を変えるのではなく、この世から基地、軍隊、戦争をなくすことだ。したがって目的は、移設ではなく、廃止、ということだ。

この言い方によって、発言者の思想が、県外移設論者の思想より優れた、レベルの高いものだと、聞く人が感動するかもしれない。その反面、ちょっとお説教のように聞こえるかもしれない。しかし、誰の思想のレベルが高いかという問題ではなく、その発言の中身が具体的に何なのかを考えなければならないと思う。

つまり、米軍基地を「廃止」する（「ぶっ壊す」という人もいるが）ことは、どういうことだろうか。普天間海兵隊航空基地の中には、不動産（土地、滑走路、建物）、動産（飛行機、トラック、武器など）、そして人間（兵士）が入っている。土地に関して、「廃止」や「移設」ではなく、「返還」ということばが適切だろう。滑走路や建物の場合、基地は「廃止」になっても「移設」になっても、毀されるだろう。問題は、飛行機、武器、兵士なのだ。普天間基地の場合、それは第一海兵航空団（の一部）という組織になっている。それを、移設させるのではなく、廃止するということは、どういうことだろうか。それは、その軍団を解散させ、飛行機、ヘリ、武器などを破壊し、そして兵士を（入隊契約が切れていなくても）除隊させる、という意味だろう。それが実現できれば、確かに優れた、レベルの高いことだろう。ところが目的を達成するためには手段が必要だ。この目的を達成するため、どのような手段があるだろうか。「米軍基地を廃止せよ」という（日本語の）ビラを日本人にまき、プラカードを持ち歩く、ということではないだろう。「米軍基地を廃止せよ」と日本政府に訴える人はいるが、日本政府にとってそれは権限外のことだ。ある主権国家が別の主権国家の軍団を解散することは、戦争して勝たないかぎり、決定できない。日本政府は（しようと思えば）普天間基地を沖縄のどこにも置かない（県外移設）、または日本国のどこにも置かない（国外移設）は決定できるが、その基地（軍団）をなくすことは決定できない。したがってそのことを日本政府に訴えることは、レベルが高すぎて、空まで飛び上がって、空論である。

「基地の移設は根本的解決にならない」ということは確かだ。ところが、「根本的解決」とは何だろうか。日米安保条約を廃止すること？　それは米軍基地のすべてを国外へ移設するだけのことなので、素晴らしいことであっても、根本的な解決にならない。反戦運動の最終目的は戦争をなくし、平和運動の最終目的は世界平和を獲得することだろう。そうすると沖縄に、根本的な解決ができるまで待て、という言い方をどう考えればいいだろう。それは最終目的と、今の状況で実現可能な（実現しなければならない）目的とを混同させることになるのだ。ユートピアが実現できるまで、低賃金で働け、のような発言にならないだろうか。

そしてここで「要石」の不思議な効果が見えてくる。とても優れた、良心的な主張――すべての軍基地を廃止すべきだ！――の力が、要石のマジックによって、正反対の働きになり、米軍基地を沖縄に置け！ というアーチを固定する力になるのだ。

そして、軍基地の移設だけでは、何の根本的な解決にならない、という言い方に対して、上述したように、沖縄の反基地運動は二つの原則に立っている。つまり、反戦平和と不平等＝植民地扱いに反対、という二つだ。米軍基地を沖縄から追い出すことは、その不平等問題の根本的解決への大きな一歩になる。日米安保条約は、沖縄ではなく、東京の政府が結んだ条約であり、沖縄でそれを廃止すると決定しても、なくならないだろう。沖縄の政治力でできることは、米軍基地（まず、普天間基地）を沖縄に置かせない、ということだ。安保問題の解決は、安保問題を作った人々でないと、できないだろう。

無条件撤去、グアムなど

「県外国外移設」という言葉を使いたくない人は、「無条件撤去」というスローガンを選ぶことがある。その気持ちはわかる。なぜ私たちが米軍の不動産屋になり、あちらこちら適切な居場所を探さなければならないのか。どこへ行けばいいかを示さず、「出て行け」といえばいいだろう、と。米軍に対する怒りをよく表現する言い方だ。と同時に、この言い方では、「県外移設」と違って、基地の負担の七五％を沖縄に押し付ける本土日本に対する怒り、または安保を支持している本土はその責任を取るべき、という中身が完全に消える。そして「撤去」は「廃止」と同じように、基地がこの世から消えるべきといっているように（だからまたよりレベルの高いもののように）聞こえるかもしれないが、実はそうではない。基地の中にある軍団はどうするかという観点から見ると、国外へ移動するので、「国外移設」と変わりがない。

「グアムに置けばいい」という人は（運動家も政治家も）いるが、それも興味深い言い方だ。グアムは日本国の国境の外にある、アメリカの領土（植民地）であり、日本政府にとって、アメリカ政府が基地をグアムに置くか置かないかなど、決定権がないだろう。それも権限外のことだ。草の根運動の人たちは、グアムの基地反対運動と連帯し、支援してもいいのはもちろんだが、日本の運動家や政治家が「グアムに置け」というと、かなりの問題発言になる。そのことを提案してもいいと思っていることが、グアムが以前日本の植民地だったという記憶が、発言者の潜在意識の中でまだ働いているということではないだろうか。

植民地か？

私は「植民地」という言葉を使ったが、沖縄は日本の植民地かどうかに関して、意見が分かれる。法的には沖縄は昔のような植民地ではないのだが、沖縄の近現代史の観点からみると、植民地説は十分成り立つ。興味深いのは、「沖縄は日本の一部（復帰思想）」という見方と、「沖縄は植民地」という見方がまったく違う世界観になり、どちらの見方を選ぶかによって、まったく違うことが見えてくる、ということだ。私はどちらの見方が「正しい」と決める立場の人間ではないので、ここで読者に提案したいことは、仮にでもいいから、「植民地」というパラダイムを通して見てみて、何か新しいことが見えてこないかという、頭の中の実験をすることだ。

例えば、もし沖縄が植民地であるならば、沖縄の観光地としての人気はどのように見えてくるだろうか。本土日本から沖縄を訪ねる観光客の数が、年に五百万人を越えているそうだ。その人気は何なのだろうか。沖縄は暖かい、海がきれい、人が優しい、文化がスロー、時間がのんびりしている、などなど、「癒しの島沖縄」というイメージがある。この「癒し」といわれる現象は一体何だろう。言うまでもなく、沖縄の人にとって、沖縄は「癒しの島」にはなっていないのだ。もちろん、「癒し」という気分の一部は、ただ旅人の気分だろう。自分の仕事と周りの社会から離れて、旅先の社会の上を飛んでいるという気分、それが旅の楽しみだ。しかしその気分はどこへ旅をしてもあり、沖縄の特殊な魅力の説明にはならない。それを理解するためには、近代日本史の中の沖縄を考えなければならない。明治時代、大日本帝国を構築した時、一番最初に奪った土地が沖縄だろう。そしてとても急速なペースで、日本は鎖国の国から偉大な帝国になり、国民は「植民者民族」というアイデンティティーに変わった。そしてまた急速なペースでその植民地をすべて失った。「植民者アイデンティティー」の根拠がなくなった。

と思うと、ひとつだけ帰ってきた。それが沖縄だ。

その歴史の文脈の中で考えると、沖縄観光旅行は「植民者体験旅行」になる。旅だから社会の上を飛んでいるだけではなく、植民者の有利な立場にいるから、さらに上を飛んでいるのだ。「人は優しい」「心が傷つくことを言わない」「すなお」「よく笑う」などの言い方の意味はまったく別になるのだ。(この「植民者体験旅行」現象は日本だけではない。アメリカにとってのハワイ旅行もそうだ。「この世界でもっとも行きたくない所がワイキキだ」とハワイ先住民に言われたことがある。もちろん、ワイキキで仕事している先住民は観光客を笑顔で迎えるだろうが、観光客でそれが業務用笑顔だと分かる人は少ないだろう)

全部ではないが、多くの観光客が平和ツアーに参加し、沖縄戦の跡地も見に行き、そして米軍基地を——たとえば嘉手納基地を「安保が見える丘」から——見にいくこともある。なぜ米軍基地を見るために、沖縄まで来るのか、という謎がある。三沢、横田、横須賀、岩国、佐世保へは飛行機代なしで行けるのに、修学旅行が平和学習で日本本土にある基地を見学することは、聞いたことがない。

そして、大分前から毎年五百万人の観光客は沖縄に来るといわれているが、もし例えばその中の十人に一人が、その体験によって積極的に反基地反安保運動を始めれば、十年ごとにその運動は五百万規模で増加し、現在まで大変な、日本の政治を支配できるぐらいの勢力になったはずだ。ところが、日本の反安保運動は拡大してきたのではなく、数十年前から減り続けてきたのだ。上述したように、現在の、真剣に反安保運動をやり続けている人たちは、六〇年七〇年安保闘争の（私のような）白髪のベテランだけだろう。

であるならば、平和ツアーに参加する本土日本人は、実際何をしに来るのだろうか。沖縄戦の跡地、資料館などを見て、「最後の地上戦が本土ではなくてよかった」という（潜在意識の）考えは、かなりの癒しになるだろう。そして、米軍基地がどれだけ迷惑で侮辱的な存在であるかを学び、「絶対に米軍基地を私の住んでいる場所に置かせない。沖縄はかわいそうだけれども、やっぱり沖縄に置くしかない」と、基地はちゃんと沖縄に片付いてあるのを、自分の目で確認することも、気持ちのいい癒しになるだろう。

そのような感覚がまったく入っていなければ、「沖縄旅行」と「反安保」との無縁さをどう説明すればいいのだろうか。

鳩山

鳩山由紀夫は沖縄問題で総理大臣を辞めた・クビになったことをどう考えればいいだろうか。そのことに関しても意見が分かれる。沖縄ではがっかりしている人もいて、怒っている人もいる。私の見方はちょっと違う。彼を辞めさせた、または辞めざるをえない状況を作ったのは、裏で動いている政治家や官僚ではなく、沖縄の頑固な反基地運動だ。そう考えれば、日本政府のトップが市民運動によって倒されたのが、六〇年安保闘争時の岸信介以来、日本史で二回目のことだ。そして六〇年の時、全国の運動がその結果を出したが、今回は、沖縄だけの団結でそれぐらいの力になったのが、すごいことだと思う。そして、辺野古という小さな村の絶対崩れない団結が沖縄全体の団結の核心になり、沖縄全体の力の原動力になった。なるほど、村でも、決心すれば、国際関係を揺らすことができるのだ。ヒラリー・クリントン米国務長官の最初の本のタイトルは『村中のみんなで』(*It Takes a Village*)となっているが、辺野古で困っている彼女は、そのうちそのタイトルを変えたくなるかもしれない。

鳩山は、普天間基地を、最低県外へ移設すると約束した。ところが、県外では、その基地が行ける場所はなかった(と日本のマスコミや政治家がいった)。この「なかった」というのは、どういうことなのだろうか。それは地理的な事実ではない。地理的に、本土では、普天間基地を簡単に置ける所は無数にあるのだ。佐賀空港には飛行機は来ない、と私は佐賀県の人に聞いた。松本空港も日本航空は来なくなり、大変に困っている、と松本の人から聞いた。岩手県には米軍基地はひとつもなく、車がほとんど通らない、滑走路になりそうな林道がある、と盛岡の人から聞いた。それ以外、関西空港案、茨城空港案、横田基地合同案など、さまざまな可能性がある。ところが、鳩山や鳩山政権の代表が、それぞれのその地域へ行き、可能性を調べ、住民を説得してみたという話は聞いたことがない。そのような場所は、最初から問題外となっている。なぜ問題外かというと、佐賀県や茨城県に置くといえば、反対運動が起こるだろう、ということだ。繰り返していうと、「起こるだろう」ということだ。

なるほど。反対運動が起こりそうな所に、軍基地を置けないのだ。そうであるならば、辺野古は無理だ。日本列島のあらゆる地域の中で、もっとも無理なのは、辺野古だろう。辺野古浜辺の座り込みは、二千数百日間続いて、ギネスブックに載せるべきだと考えている人もいる。どの地域がその記録を破り、その頑固さを越えられるというのだろうか。

しかし鳩山は「やっぱり辺野古」と決めた。辺野古の長い、苦しい運動より、「運動は今やっていないが、やるだろう」という地域を大切にしたことが、バリバリ差別ということ以外、言いようがないだろう。

鳩山は、悲しそうな顔をしてあやまれば、沖縄の人は（植民地の良き臣民のように）あきらめるだろうと思ったらしい。だから、あんなに強くNo！ といわれて驚いたようだ。最初から普天間基地を辺野古に置くことは不可能だったが、彼はそれをさらに不可能にしてから、「やっぱり辺野古だ」と「決めた」。なぜ「決めた」をカッコに入れるかというと、不可能なことを決めても、決めたことにはならないからだ。不可能なことを「決める」総理大臣はクビになるものだ。

袋小路状態になってきた。普天間基地を宜野湾市に置けない。辺野古に置けない。勝連半島に置けない。本土に置ける所はたくさんあるが、日本政府は本土に置くような、または国外へ送るような政治的意志はつくれそうもない。では、普天間基地はどうすればいいだろうか。しかし、その問題は本土日本の「米軍基地がほしいけれどもほしくない」という矛盾した考え方から生まれた問題だ。沖縄はその矛盾の解決策としてずっと勤めてきたが、それを続ける義務はどこにもないし、今度それをやめたらしい。「沖縄問題」は終わった。さあ、ヤマト問題だ。

要石の要?

鳩山政権が成立したばかりの時、ゲーツ米国防長官が来日して、「辺野古は要(linchpin)だ」と言った。なるほど。要石にはまた要があるのだ。ところが、その要はもう抜いてある。アーチはどのように落ちてくるだろう。

差別の共同研究にむけて

1

ある形の差別を研究している人がほかの形を研究する理由はどこにあるだろうか。ある形の差別を一生かけてもすべてが解るわけがないのに、あらゆる形を研究するのは無理ではないだろうか。あらゆる形を取り上げるよりも一つだけを徹底的に研究した方が、差別の普遍的な本質を把握出来るのではないだろうか。

それに対して幾つかの答えがあると思う。まず差別研究の特徴の一つとして、研究対象自体をなくすのが目的なのである。研究者の中には差別をなくす運動にかかわりをもって、自分の研究はその目的に貢献するだろうと思っている人が多い。差別は一種の無知、あるいは自己欺瞞であって、その本質を明快に露呈出来れば、差別をし続けることが不可能になるという強い信念がある。

でもそれぞれの差別を別々に取り上げても、その目的を達することが出来るかどうかは疑問である。

ある種の差別に対して敏感になった人はあらゆる差別に対して同じ程度に敏感になるはずだ、と信じたいことがある。ある差別を受けた集団は、すべての差別をなくす解放者になるというような発想は、この考えに基づいている。被害者になった人は、すべての被害者の気持が分るはずだという考えである。

残念ながらそうはいかない場合がある。階級のない社会、あるいは民族差別のない社会のために闘いながら自分の妻を召し使いとして扱う男はいる。金持の国には、貧乏な国からの労働者の移民を禁じて組合を守ろうとする労働運動家もいる（カリフォルニアの悪名高い排日・排朝運動の中心的な力になったのは労働組合——社会主義の組合も含めて——であった）。第三世界の国には、貧困階層からサーバントを雇って自分を家事から解放するフェミニストもいる（ヨーロッパやアメリカにもいるが）。人種あるいは民族差別の被害者になっている集団は、別の人種あるいは民族を差別することもある。二十世紀の前半にカリフォルニアでの排日運動に対して闘っていた日本人は、排中運動は結構だけれど排日運動だけをやめてくれというビラを配ったこともあった。現在の中東では、一番激しいアラブ差別はホロコーストの被害者からくるだろう。アメリカでは反ユダヤ人主義は黒人社会の中で大きな問題になっている、などなど。

2

私が提案したいのは、差別を——あらゆる形の差別を——一つのシステムとして研究したらどうかということである。その差別システムはどういうものなのか、それの構造と機能はなんなのか、ということを明確にしてはじめて差別の本質、そしてそれをどうやってなくせるのかが分るだろう。

まず差別のすべての表現を見ないかぎり、「差別」の本質は見えてこないだろう。ある特定の差別を研究すると、その差別は差別そのものの原型であって、あらゆる差別のエッセンスがそこに露呈されていると思ってしまう傾向がある。例えばインドの不可触賤民のことを研究していると、差別の根源は他者に触れることに対する深い恐怖にあると考えるかも知れない。しかしこの定義は、他者に触りたいという根深い気持と密接に絡み合っている女性差別を含まない。あるいは反ユダヤ人主義を研究している人は、差別は憎しみの一種と言うかも知れない。でも愛している人を差別することは可能だという悲しい真実を我々に教えてくれた女性差別は、この定義にも含まれない。または下層階級、あるいは出稼ぎ労働者に対する差別を取り上げる人は、差別は基本的に経済に基づくことであって、人を搾取しやすくするためであると言うかも知れない。でも自分に対して差別をする人々より平均的に豊かである在東南アジア中国人の場合はまた、この定義に当てはまらない。黒人、あるいは女性に対する差別を研究している人は、差別は身体的な差異からくるという結論に達するかも知れない。しかし資料を調べないとほかの日本人と区別出来ない被差別部落民の場合は、この定義から説明出来ない。また はユダヤ人のアラブ人に対する差別を見ると、差別は集団と集団とのあいだの長い闘争の歴史から生まれるというふうに見えるかも知れないが、非常に数の少ない在日ユダヤ人ではなくて、抽象的概念としての「世界のユダヤ人」を対象にしている現在日本の反ユダヤ人主義の場合は、これに含まれない。差別は左翼も右翼も金持も貧乏人もする。場合によって、憎悪、恐怖、軽蔑、愛情、または無関心という気持が含まれる。あるいは何かの音とか色などと結びつく場合があれば、遠い国に住んでいる、自分にはまったく経験したことがない人を差別対象として選ぶケースもある。自分の国から追い出したい差別があれば、自分の国に連れて来て(例えば強制連行もそうだったが)搾取したいという差別もある。にもかかわらずこのさまざまな考え方と行動には、我々が「差別」と呼んでいる共通点はある。そういう意味で差別のすべての形を観察して比較してはじめてそのエッセンスの定義を試みることが出来る。

「機能」という、もう一つの立場から差別を見ることが出来る。差別はなんのためなのか。どういう目的を達するのか。幾つかの明確な目的についてはすでに述べた。人を悪く扱うことによってなにか得することがあった時、差別をして悪く扱った方がやりやすい。人が「悪い」とか「劣等」だというふうに定義づけると、その人は戦争で殺しやすいし、低賃金で用いやすいし、召使いとして利用しやすいし、自分がやりたくない汚い、あるいは危ない仕事をさせやすいし……などなどがある。

3

物質的な利益だけではなくて、社会的、精神的な機能を果す差別もある。民族のアイデンティティー、あるいは個人のアイデンティティーを形成するための差別もある（カレラと違ってワレラが……）。極端な場合には、集団の統合のために共通の敵が差別によって提供されることもある。自分の心の中の一番醜い、汚いゴミを捨てるためのゴミバコとして用いたいから差別相手を作ることもある。自分の怒りや憎しみの安全な置き場所を提供する差別もある。職場で抑圧されて、それに対する怒りを本当の抑圧者に直接表現出来ない時、妻や別の民族の人をいじめるといくらかのストレス解消になるかも知れない。また自分の罪の意識を他者に投射する手段にもなる。性的に抑圧されているアメリカの白人は黒人には男女の乱交が多いと非難することとか、ヨーロッパのブルジョワ資本主義者がユダヤ人には金銭欲が強すぎると非難することは、明確な例である。現在の日本の抽象的反ユダヤ人主義は同じ機能――自己批判になってもいいような内容の批判を別の集団に転嫁する――を果しているかも知れない。そして差別をすることは差別をされることのつらさの補償になることもあるらしい。民族差別を受けている男は、自分はとにかく女性より上だと考えると安心するとか、差別を受けている女は、別の民族のサーバントを雇って「主人役」に転換して安心することなどはある。

4

つまり、差別はあってはならないことで、なくすべきであるという言い方は充分ではない。差別はなんなのか、何の欲望の答えになっているのか、何の機能を果しているのか、つまり、差別をして何が楽しいのか、ということをはっきりしないと、なくすわけにはいかないだろう。ある種の差別を減らすのに成功していると思ったら、それはただその差別機能が別の対象にしわ寄せされたのだという場合があまりにも多い。アメリカ合衆国では、黒人に対して公的に差別的な発言はタブーになって来たが、同時にアラブ民族に対する差別は飛躍的に増えている。日本では同じようなしわ寄せ、つまり在日朝鮮人からフィリピン人や南アジアからの出稼ぎ労働者、あるいは抽象的なユダヤ人へ、が起こっているかも知れない。

こういうさまざまな差別には少なくとも一つの共通点がある。つまり、すべては真実からの逃避であって、自己欺瞞だということである。自分の本当の状況に立ち向って、自分の行動に責任をとる勇気がない人のやり方である。こういう意味では、差別は強者の行動ではなくて弱者の行動である。自分が搾取をしている人が平等な人間だと考えるのはつらいから、その人を差別する。自分が搾取されていて、それに対して抵抗出来なくなったということを考えるのはつらいから、本来仕事場で怒るべき怒りを別の集団へしわ寄せする。自分の社会がいかに貪欲で物質主義的になったかということを認めるのはつらいから、「あの民族は貪欲で物質主義的なんだ！」と言いたくなる。世界資本主義システムが数々の自立的であったさまざまな文化を、ただ破壊して単一文化を作っているのを見ることは耐えられないから、破壊されつつある文化を「未開発」とか「発展途上国」と呼びたくなる。

こういう意味で差別に対する闘争は、あらゆる闘争の基本的な一部になっている。前述のように差別は何であるか——つまりそれは必ず自己欺瞞で、真実からの逃避という弱々しい行動だということ——を逃げられないほど明快にすれば、差別し続けるのはほとんど不可能になるはずだ、という考えには希望はある。差別がなくなれば、我々は自分の本当の状況を正直にかつ直接に見つめなければいけないことになる。それは健全なことだろう。

あとがき

一九八一年、当時『思想の科学』の編集者だった室謙二は、ベストセラーになっていた写真付きの『日本国憲法』（小学館・写楽ブックス）についての文章を書かないかと、私に尋ねた。写真以外に、その本の中身は憲法の条項だけだった。私は憲法学者でもないし、日本国憲法のことを特に研究したこともないということで、断ろうとした。しかし室謙二が、憲法研究書ではなく、この本の書評を書いてほしいと、巧みに私に説得した。幸か不幸か、私は引き受けた。

その時のエッセイ「ラディカルな日本国憲法」（『思想の科学』一九八二年一月）を始まりとして、それから私は日本の憲法をテーマにする、いくつかのエッセイや本（＊）を書いた。本書の前半はそのシリーズの最新版（もしくは最終版）である。

＊『ラディカルな日本国憲法』（晶文社、一九八七年）、『日本国憲法を読む』（共著、柏書房、一九

九三年）、『憲法と戦争』（晶文社、二〇〇〇年）、『日本は本当に平和憲法を捨てるのですか』（平凡社、二〇〇三年）、『憲法は政府に対する命令である』（平凡社、二〇〇六年）、『普通の国になりましょう』（大月書店、二〇〇七年）

『思想の科学』の文章を書き出したら、憲法学者でなくても、自分の専門である政治思想の観点から憲法を見ると、法律学とちょっと違った側面が見えてくることが分かった。特に興味深いのは、（やっぱり）第9条だ。第9条は、近現代政治学の最も根本的な原理の一つを覆すし、そして、改憲派の人たちが繰り返し、かつ、正確にいうように、現世界の主流の政治常識を破っている。問題は、その「原理」とその「常識」によって、二十世紀に無数の人間が殺され、今現在も殺されていることだ。

憲法第9条は極めてラディカルな提案だ。なぜ「提案」かというと、まだ一度も実現されたことはないからだ。しかし心配なのは、現状維持が平和であることだと思っている人が、けっこういるらしい、ということだ。写楽ブックス版の『日本国憲法』は、当時の日本はもう平和になっている、というイメージで、つまりそのような読者をねらっていたのだった。その写真は、旅行会社の壁に飾ってあるような、矛盾や社会問題のまったくない「美しい日本」のイメージだった。憲法に約束してある「平和な日本」がすでに実現されてある、というイメージ。私は『思想の科学』の文章に、そのような「安易な平和主義」の批判も書いた。しかしあの時代、反安保はまだ反戦平和運動の中心だったので、「安易な平和主義」は主流ではないと思った。以下のように書いた。

［ただ乗り論という］批判には当たっている部分があるのだ。日本の中には一部にしろ憲法と日米安保条約の双方を支持する人たちがいる限り、彼らは立場として戦力の放棄ではなく、戦争は誰かほかの人にやってもらうという取り決めを好んでいることを認めなければならない。

とはいえ、偽善的な平和主義がたしかにある反面、日本の平和運動全体が偽善的であるとはいえない。つまり、平和運動は憲法擁護のためだけではなく、安保条約や米軍基地［そして自衛隊］に反対してたたかってはじめて一貫性を持つのであるし、それがまさにこの運動が長年やってきたことである。

一九八一年当時、その言い方は当たっていたかもしれないが、二〇一〇年現在はどうだろう。改憲反対の世論はかなりあるが、「反安保」という言葉自体が、公の討論からほとんど消えている。この三十年にわたり私が書いてきた憲法に関する文章のムードがだんだん変わってきたことを、私は自覚している。それは私自身の変化もあるかもしれないが、それより、日本社会が変わったのが主な原因だと思う。

今、人が「平和」と言ったら、何を言おうとしているのだろう。「私は繊細で、いい人ですので、誉めてください」と言いたい人が少なくないだろう。ニュー・エイジの人たちは、「平和は心の中でしか実現できない」というのだが、実際の戦争に巻き込まれている人たちにとって、それはぴんと来ないだろう。「平和」という言葉に「運動」をつけると、それは、目的と、その目的を実現できそうな手段があって、人々は意味のある行動ができる、という意味だろう。日米安保条約をなくすとは、はっきりした目的で、行動計画をたてることが可能だ。安保に触れず、「世界平和」を唱えると、現実的な手段が見えてこないので行動につながらない。そういう場合、「世界平和」とは、何になるだろう。趣味なのだろうか。

私は十年前沖縄へ引っ越してから、本土日本にいる時よく見えなかった、もう一つの問題が見えてきた。それは、その本土日本でほとんど存在しない反安保運動が、もうちょっとで実現できそうなふりをし、沖縄を騙そうとするやりかただ。

知念ウシが考えたイメージを借りよう。それを、「日本がもし100人の小学校だったら」と呼ぶことにする。その学校の百人の小学生が、九十九対一で、つまり、とても民主主義的に、決定をする。つまり、その一人が七十五個のランドセルを背負って、あとの九十九人が残りの二十五個を背負う、という決定だ。その一人が、「重いから、ちょっと手伝ってくれ」というと、九十九人が「それどころじゃない。私たちはランドセル反対運動をやっているので、それが実現するまで待ちなさい。自分の苦しみを人に押し付けることは、よくないだろう」と答える。ところが、その九十九人の「反ランドセル運動」は、実はあまりやられていないのだ。なぜなら、七十五個を他の一人に背負わせているため、ランドセルの重みをあまり感じないからだ。（知念ウシ『ウシがゆく』沖縄タイムス社、二〇一〇年）

その七十五個のランドセルとはもちろん、沖縄にある米軍基地のことだ。沖縄に七十五％を背負わせていることで、本土にとって日米安保条約がほとんど無視していいぐらい、軽いものになった。その軽さと、本土日本の反戦平和運動の軽さとはつながっているだろう。つまり、日本社会の現実逃避を可能にするため、沖縄に頼ってきた。

ところが最近の沖縄は、日本の矛盾した意識が崩れないための「要石役」を断り始めたようだ。これまで動かなかったものが、動き出すかもしれない。

この本をまとめるには知念ウシの貢献が大きかった。心から感謝しています。

初出一覧

実戦中毒と千メートル眼差し　新日本文学　2004.1/2 月合併号
積極的平和？　講座　戦争と現代 5　大月書店　2004.4
「テロ」の定義とは？　世界　2004.2
「帝国」と化したアメリカ――　ラディカルに〈平和〉を問う
　　法律文化社　2005.8
アメリカは負けている　琉球新報　2004.7.25

ファルージャから二つの報道　世界へ未来へ　9 条連ニュース121
　　［東京］　2005.1.20
9 条に関する 9 テーゼ　世界　2005.11
イラク派兵と憲法 9 条　ピープルズ・プラン　2004 春
現地で迷惑にならないようにイラクを助ける方法　世界　2003.12
アメリカ兵の心に反戦を語りかける　ピープルズ・プラン　2003
　　秋
アメリカの完全敗北か　沖縄 9 条連たより　2009.1

「日本」というあり方　あんじゃり　2009.6
植民地としての米軍基地　オキナワを平和学する
　　法律文化社　2005.9
沖縄・米軍基地・改憲問題　弁護士研修講座　研修速報　2008.7
基地と平和　総合学術研究紀要　2008.10
非ブッシュ賞　ピープルズ・プラン　2010冬
我々はできるのだ！　しないけど　Counter Punch　2009.11.15
要石　講演　2009.12.22

差別の共同研究にむけて　年報　差別問題研究　1　1992.11.20

著者について
C・ダグラス・ラミス
一九三六年、サンフランシスコ生まれ。カリフォルニア大学バークレー校卒業。西洋政治思想史研究。六〇年、海兵隊員として沖縄に駐留。除隊後、京都、東京で暮らす。ベ平連など反戦活動に従う。津田塾大教授を二〇〇〇年に退職、那覇に移住。現在、沖縄国際大学非常勤講師。

著書
『考え、売ります。』
（平凡社、2001年）
『なぜアメリカはこんなに戦争をするのか』
（晶文社、2003年）
『日本は、本当に平和憲法を捨てるのですか?』
（平凡社、2003年）
『憲法は、政府に対する命令である。』
（平凡社、2006年）
『普通の国になりましょう』
（大月書店、2007年）
ほか多数。

要石《かなめいし》：沖縄《おきなわ》と憲法《けんぽう》9条《じょう》
二〇一〇年一〇月三〇日初版
著者　C・ダグラス・ラミス
発行者　株式会社晶文社
東京都千代田区神田神保町一－一一
電話（〇三）三五一八－四九四〇（代表）・四九四二（編集）
URL http://www.shobunsha.co.jp
中央精版印刷・ナショナル製本

ISBN978-4-7949-6754-1　Printed in Japan